Horst Stahl

Bonsai
selbst gezogen aus heimischen Bäumen

 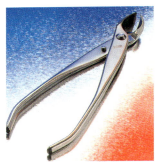 

mit Gestaltungsfotos von Helmut Rüger

Kosmos

Im Bonsaihandel findet man eine reiche Auswahl an geeigneten Schalen.

Die Hainbuche aus der freien Natur wurde zu einem Bonsai in Floßform gestaltet.

Inhalt

Der Anfang
EINE ASIATISCHE KUNST KOMMT AUCH NACH EUROPA   4

Die Bonsai-Geschichte kurz gefasst   4
Ein guter Bonsai braucht Zeit   6
Auch die Natur gestaltet Bäume   7
Die Suche nach „Roh-Bonsai"   7

Botanik
VOM INNEREN LEBEN DER BÄUME   8

Ein wenig Botanik   9
Der Aufbau von Bäumen und Sträuchern   10
Bau und Funktion der wichtigsten Pflanzenteile   11

Gestaltungsformen
BAUMCHARAKTERE IN MINIATUR   14

Die frei aufrechte Form   16
Die streng aufrechte Form   16
Die gelehnte Form   17
Die Kaskade   17
Waldpflanzungen, Mehrfachstämme und Landschaftsstile   18
Weitere Stilarten   19

Geeignete Baumarten
EUROPÄISCHE KANDIDATEN FÜR BONSAI   20

Feldahorn (*Acer campestre*)   22
Rosskastanie (*Aesculus hippocastanum*)   23
Schwarzerle (*Alnus glutinosa*)   24

Hängebirke (*Betula pendula*)   25
Hainbuche (*Carpinus betulus*)   26
Kornelkirsche (*Cornus mas*)   27
Rotbuche (*Fagus silvatica*)   28
Gemeine Wacholder (*Juniperus communis*)   29
Europäische Lärche (*Larix decidua*)   30
Wildapfel (*Malus sylvestris*)   31
Gemeine Fichte (*Picea abies*)   32
Bergkiefer (*Pinus mugo*)   33
Waldkiefer (*Pinus sylvestris*)   34
Schwarzpappel (*Populus nigra*)   35
Holzbirne (*Pyrus pyraster*)   36
Stieleiche (*Quercus robur*)   37
Silberweide (*Salix alba*)   38
Gemeine Eibe (*Taxus baccata*)   39
Winterlinde (*Tilia cordata*)   40
Feldulme (*Ulmus carpinifolia*)   41

Pflege, Werkzeug und Gestaltung
MIT UMSICHT BONSAI PFLEGEN UND FORMEN   43

Der richtige Standort   43
Gutes Überwintern   43
Bonsai richtig ernähren   44
Mit Draht die Triebe leiten   46
Das richtige Bonsai-Werkzeug   48
Der Blattschnitt   49
Die Wundheilung fördern   50
Bonsai richtig umtopfen   52

Zwei Beispiele
EIGENE BONSAI GESTALTEN   54

Gestaltung eines Bonsai   55
Umtopfen des Bonsai   55
Die richtige Schale   55
Gestaltungsbeispiele   56
Gestaltung einer frei aufrechten Form   56
Ein Wald wird gestaltet   58

Büchertipps, Adressen   60
Register   60
Bildnachweis, Besitzer der Bonsai   62
Impressum   62

Extra

JAPANISCHE FACHAUSDRÜCKE   63

PFLEGEKALENDER FÜR FREILAND-BONSAI   63

Auch aus europäischen Bäumen werden eindrucksvolle Bonsai.

Der Anfang
Eine asiatische Kunst kommt auch nach Europa

Von den Jahrhunderte alten asiatischen Vorbildern übernommen, widmen sich seit einigen Jahrzehnten immer mehr Menschen in Europa der Kunst der Bonsai-Gestaltung.

Ein Wald aus europäischen Lärchen (*Larix decidua*) mit beginnender Herbstfärbung auf einer Kunststeinplatte

Die japanischen Begriffe bon für Baum oder Pflanze und sai für Gefäß oder Schale werden gemeinsam Bonsai gelesen. Mittlerweile ist dieser Begriff auch in unserem Kulturkreis ein allgemein verstandener Ausdruck für die kleinen Bäume in den Schalen.
Es ist aber nicht nur der kleine Baum, der einen Bonsai ausmacht. Erst seine Verschmelzung mit der ihm angemessenen Schale lässt das Gesamtkunstwerk entstehen. Passen Form, Farbe und Größe der Schale nicht zu der Baumart oder der Gestaltungsform des Baumes, entsteht ein unharmonisches Gesamtbild.

DIE BONSAI-GESCHICHTE KURZ GEFASST

Der Ursprung der Gestaltung von kleinen Bäumen und von ganzen Landschaften in Schalen oder auf Tabletts liegt in China. In der mythischen Überlieferung soll während der Han-Dynastie (206 v. Chr. bis 220 n. Chr.) ein Zauberer namens Jiang-feng die Fähigkeit besessen haben, ganze Landschaften mit Gebirgen, Bäumen, Flüssen, Häusern, Tieren und Menschen verkleinert auf ein Tablett zu zaubern.
Die erste schriftliche Erwähnung des Begriffs Bonsai finden wir bei dem Dichter Tao Yuang-ming (365 bis 427 n. Chr.). Tatsächlich lassen sich Bonsai zum ersten Mal in dem Grabmal des Prinzen Chang Huai aus dem Jahr 706 n. Chr. auf einer Wandmalerei nachweisen.
Traditionell hatte China auf die kulturelle Entwicklung

In der freien Natur kann man eindrucksvolle Vorbilder für die Bonsai-Gestaltung finden.

in Japan einen großen Einfluss. Um das Jahr 600 n. Chr. brachten ganz offensichtlich wandernde buddhistische Mönche die ersten Bonsai von China nach Japan. In der kulturell sehr aufgeschlossenen aristokratischen Gesellschaft der Kaiserstadt Kyoto beschäftigten sich bald adlige Damen und Herren mit den kleinen Bäumen.

Die etwa 20 Jahre alte Europäische Lärche (*Larix decidua*) in Herbstfärbung ist im Literatenstil gestaltet.

DAS SAMMELN IN DER NATUR

Neben den Gartencentern und Baumschulen findet man häufig „Roh-Bonsai" in der freien Natur. In Japan nennt man das Sammeln von „Roh-Bonsai" in der freien Natur Yamadori. Will man solche Bäume in der freien Natur sammeln, sind einige wichtige Hinweise zu beachten:

▶ 1. Es dürfen nur mit Genehmigung des Grundstücksbesitzers Bäume ausgegraben werden. Für staatliche Wälder erhält man eine Ausgrabegenehmigung vom jeweiligen Revierförster.

▶ 2. Planen Sie, wenn möglich, für das Ausgraben zwei Jahre ein (s. Punkt 4 und 5). Als Zeitraum für die Ausgrabeaktion sollte das zeitige Frühjahr oder der Spätherbst gewählt werden.

▶ 3. Als Werkzeuge benötigen Sie einen scharfen Spaten, eine stabile Gartenschere, Plastikfolie, einen Wasserbehälter und Packband.

▶ 4. Im ersten Jahr wird der Wurzelballen mit dem scharfen Spaten grob umstochen. Nun hat der Baum eine Wachstumsperiode lang Zeit einen kompakteren Wurzelballen auszubilden.

▶ 5. Im darauf folgenden Jahr wird der Baum ausgegraben. Achten Sie darauf, dass möglichst viel Erde im Wurzelballen verbleibt. Nun wird der Ballen mit der stabilen Plastikfolie gegen Austrocknen geschützt. Eventuell muss der Ballen gewässert werden. Mit dem Packband wird der Ballen zusätzlich gesichert.

▶ 6. Zu Hause kommt der Baum in einen ausreichend großen Blumentopf oder in eine große Holzkiste mit Wasserabzuglöchern. Auf keinen Fall wird der Baum jetzt schon in eine Bonsai-Schale gepflanzt. Zwar kann man den Baum jetzt schon grob gestalten, aber noch nicht drahten. Erst wenn der Baum sich einige Jahre erholt und weiterentwickelt hat, wird er zum Bonsai gestaltet.

In China wurden die für die dortigen Landschaften charakteristischen Wuchsformen der Bäume nachgestaltet, aber auch bizarre, symbolhafte Formen wie Drachengestalten. Dagegen orientierten sich die Japaner genauer an den Vorbildern in der Natur.
In der langen vollkommenen Abgeschlossenheit Japans bis zum Ende des 19. Jahrhunderts erlangte die Bonsai-Kunst ihre höchste Vollendung. In ihr spiegelt sich ein typischer Wesenszug der japanischen Kultur wieder: die Suche nach Perfektion und Schönheit in der schlichten Einfachheit.
Um das zu erreichen, muss Geduld aufgebracht werden.

EIN GUTER BONSAI BRAUCHT ZEIT

So muss man auch dem Bonsai Zeit lassen, sich zu einem perfekten Kunstwerk zu entwickeln. Grundsätzlich braucht ein Bonsai-Gestalter viele Jahre, um aus einem einfachen Baum einen wirklich guten Bonsai zu formen. Relativ schnell hat man einem jungen Baum die grundsätzliche Form gegeben. Aber die Arbeit bis ins feinste Detail erfordert viel Einfühlungsvermögen. So sind die Grundstilarten der Bonsai-Gestaltung auch nicht als dogmatische Vorschriften im Sinne von richtig und falsch zu verstehen, sondern sie stellen Empfehlungen dar. Erst wenn man die Fähigkeit entwickelt hat, das dem Baum innewohnende gestalterische Potential zu erkennen und formgebend umzusetzen, kann man gute Bonsai gestalten.

Bonsai in Europa

Mit der Öffnung Japans kamen Bonsai dann auch nach

Europa. So konnte man sie anlässlich der Weltausstellung in Paris (1878) im japanischen Pavillon zum ersten Mal außerhalb Japans bewundern.
Erst nach dem zweiten Weltkrieg fand Bonsai in Europa größere Verbreitung. Die in vielen Ländern von Bonsai-Enthusiasten gegründeten Clubs machten durch ihre unermüdliche Arbeit Bonsai auch in breiteren Bevölkerungskreisen populär.

AUCH DIE NATUR GESTALTET BÄUME

Zwar ist in der Erbmasse einer jeden Baumart die grundsätzliche Form festgeschrieben, sie lässt aber je nach Wachstumsbedingungen auch eine gewisse Variationsbreite zu. Angepasst an Standort und klimatische Gegebenheiten erlangt der jeweilige Baum seine individuelle Gestalt.
Um Gestaltungsvorbilder für die Bonsai-Erziehung zu finden, muss man sich auch Bäume an Extremstandorten wie dem Hochgebirge anschauen. So entwickelt man ein Gespür für die Gestaltungsmöglichkeiten, die eine bestimmte Baumart in sich trägt. Niemals sollte man versuchen, einen Baum gegen seine Natur zu formen. Im schlechtesten Fall stirbt der Baum.

DIE SUCHE NACH „ROH-BONSAI"

Für die Bonsai-Gestaltung geeignete Bäume findet man in Gartencentern, in der freien Natur oder im eigenen Garten. Man schaut hierbei nach Bäumen, die bereits eine gewisse Stammdicke aufweisen. Der Stamm sollte sich harmonisch von unten nach oben verjüngen oder auf die gewünschte Höhe einkürzen lassen. Sinnvollerweise kürzt man den Stamm oberhalb eines Astes ein, der zur Weiterführung des Stammes in der Lage ist. Zusätzlich sollte der Bonsai-Kandidat möglichst viele Äste und Zweige haben. So werden die gestalterischen Möglichkeiten nicht von vornherein begrenzt.

Die Lärche von Seite 5 während des Laubaufbruchs im Frühjahr. Gut sind einige junge Zapfen zu erkennen.

Ein sich natürlich verjüngender Wald ist in deutlich erkennbare Stockwerke gegliedert.

Botanik

Vom inneren Leben der Bäume

Bonsai bedeutet nicht nur eine Pflanze zu gestalten, sondern sie auch über viele Jahrzehnte richtig zu pflegen. Hierbei sind gute Kenntnisse in der Biologie der Pflanzen sehr hilfreich.

Grundsätzlich sind alle Bäume und Sträucher mehr oder weniger gut zur Bonsai-Gestaltung geeignet. Vielfach wird dabei aber vergessen, dass nicht nur die oberirdischen Pflanzenteile, sondern auch die unterirdischen von immenser Bedeutung für die Gestaltung sind. Eine noch so virtuos durchgeführte Gestaltung ist zum Scheitern verurteilt, wenn die Lebensbedürfnisse der Pflanze missachtet werden. Soll die Gestaltung auf Jahrzehnte hinaus erfolgreich sein, muss man den Aufbau der Pflanze verstehen und entsprechend agieren. So kann man den Zeitraum für so wichtige Gestaltungsarbeiten wie den Wurzelschnitt, das Umtopfen, den Gestaltungsschnitt und das Drahten erkennen und der Biologie der Pflanze entsprechend durchführen. Wird beispielsweise der Zeitraum für den Wurzelschnitt falsch gewählt, so entfernt man unter Umständen wichtige Speicherstoffe und schwächt so den Bonsai unnötig. Dies führt letztendlich dazu, dass die weitere Entwicklung des Bonsai zumindest verzögert wird.

Links: An Bergklippen findet man manchmal extreme Baumformen. Solch eine stellt auch dieser Bonsai (Gemeiner Wacholder) dar.

EIN WENIG BOTANIK

Bäume und Sträucher gehören botanisch zu den verholzenden Sprosspflanzen. Jede Sprosspflanze gliedert sich in drei Bereiche: die Wurzeln, den Stamm oder Spross und die Äste und Zweige mit den Blättern. Eine Pflanze ist nur so lange wachstumsfähig, wie sich diese drei Baumteile in einem ausgewogenen Gleichgewicht zueinander befinden. Grundsätzlich stellt eine Pflanze ihr oberirdisches Wachstum ein, wenn die Wurzeln keinen Raum mehr für neues Wachstum vorfinden. Deshalb sorgen wir mit dem Wurzelschnitt und dem Umtopfen für neuen Wurzelraum. Diese Aktion ist aber nur dann erfolgreich, wenn wir durch Beschneiden der oberirdischen Pflanzenteile wieder für das notwendige Gleichgewicht sorgen. Geschieht das nicht, kann der reduzierte Wurzelballen unter Umständen die Blätter nicht mehr ausreichend versorgen und einige für die Gestaltung wichtige Baumteile sterben ab.

Ohne konkurrierende Nachbarn wie in einem Wald kann diese Eiche sich vollkommen frei entwickeln.

Sträucher haben ein basisbetontes (basitones) Wachstum. Bei ihnen treiben an der Basis immer wieder neue Triebe aus.

Baueinheit Zelle

Alle Tiere und Pflanzen bestehen aus Zellen. Unabhängig von der Größe eines Organismus sind die meisten Zellen so klein, dass sie mit bloßem Auge nicht sichtbar sind. Die meisten Pflanzenzellen besitzen eine mehrschichtige Wand aus dem Zucker Cellulose. Die Wand gibt der Zelle ihre Form und umschließt mit der Zellmembran das Zellplasma und den darin befindlichen Zellkern, der die chemisch verschlüsselte Erbinformation (DNS) enthält. Das Zellplasma stellt mit seinem Inhalt, das sind Eiweiße, Kohlenhydrate, Wasser, Nährsalze und winzige Zellorgane, eine Art chemische Fabrik dar. Bei holzigen Pflanzenteilen wie dem Stamm, den Ästen und Zweigen von Bäumen und Sträuchern werden die Zellwände durch Einlagerung des Holzstoffes Lignin besonders stabilisiert.

DER AUFBAU VON BÄUMEN UND STRÄUCHERN

Bäume und Sträucher unterscheiden sich deutlich in ihrem Wachstumsmuster. Während Bäume ein ausgesprochenes Spitzenwachstum haben, wachsen Sträucher eher basisbetont. Die Spitzenknospen von Bäumen bilden immer besonders viele Wachstumshormone. Diese fördern ihren Austrieb, während sie gleichzeitig das Wachstum nachgeordneter Knospen unterdrücken. Das führt dazu, dass der Baum in erster Linie in die Höhe wächst. Bei der Bonsai-Gestaltung muss daher vor allem das Wachstum der Spitzenknospen gezügelt werden. Gleichzeitig fördert ein Rückschnitt solcher

Alle Bäume haben ein spitzenbetontes (akrotones) Wachstum. Artabhängig ist nur die individuelle Form, je nachdem von welchen Knospen das Längenwachstum gesteuert wird.

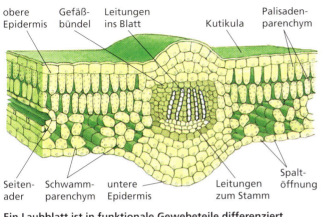

obere Epidermis | Gefäßbündel | Leitungen ins Blatt | Kutikula | Palisadenparenchym

Seitenader | Schwammparenchym | untere Epidermis | Leitungen zum Stamm | Spaltöffnung

Ein Laubblatt ist in funktionale Gewebeteile differenziert.

Verankerung im Boden. Bei großen Bäumen kann die Gesamtlänge des weitverzweigten Wurzelsystems mehrere Kilometer betragen. Im Innern aller Wurzeln verlaufen Adern, die Wasser und Nährsalze zum Stamm hin transportieren. Im Stamm liegen diese Adern in den äußeren Holzjahres-

Triebe das Wachstum nachgeordneter Knospen. Bei Sträuchern hingegen finden wir am Wurzelansatz besonders viele Wachstumshormone, was zum Wachstum immer neuer Triebe an der Basis führt. Entsprechend muss man, will man in der Bonsai-Gestaltung einer Strauchart Baumcharakter geben, sich neu bildende Basistriebe sehr früh entfernen.

BAU UND FUNKTION DER WICHTIGSTEN PFLANZENTEILE

Die **Wurzeln** versorgen die oberirdischen Pflanzenteile mit Wasser und Nährsalzen, sie dienen aber auch der

Bäume und Sträucher sind in Wurzeln, Stamm bzw. Spross und Äste bzw. Zweige untergliedert.

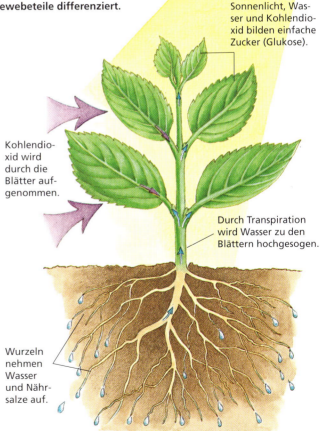

Sonnenlicht

Sonnenlicht, Wasser und Kohlendioxid bilden einfache Zucker (Glukose).

Kohlendioxid wird durch die Blätter aufgenommen.

Durch Transpiration wird Wasser zu den Blättern hochgesogen.

Wurzeln nehmen Wasser und Nährsalze auf.

ringen. Der Stammfuß ist der Bereich, in dem die Adern ihren Verlauf von innen nach außen wechseln. Das Wachstum der Wurzeln geht nur von den Wurzelspitzen aus. Kurz hinter der Wurzelspitze liegt der Bereich der Wurzelhaare, der für die Wasser- und Nährsalzaufnahme sorgt. Schon wenige Zentimeter näher zum Stamm hin verholzen die äußeren Wurzelschichten und können kein Wasser mehr aufnehmen, schützen sogar gegen Wasserverlust.

Werden bei einem Wurzelschnitt die Wurzelspitzen entfernt, bilden sich an den älteren Wurzelbereichen neue Wurzelspitzen. Dieser Vorgang dauert einige Tage, weshalb ein Bonsai nach einem Wurzelschnitt für zwei Wochen in den Halbschatten gestellt werden muss.

Der **Stamm**, die Äste und Zweige bestehen in ihrem Innern aus abgestorbenen Holzjahresringen. Auf dem äußersten Holzjahresring liegt der einzige lebenslänglich teilungsfähige Stammteil, das Kambium. Im Frühjahr stellt das Kambium nach innen neue Holzzellen her. Durch Verschmelzung übereinander liegender Holzzellen entstehen die Leitungsbahnen für den Wasser- und Nährsalztransport.

Nach außen hin bildet das Kambium neue Rindenzellen. Die inneren Rindenzellschichten bilden wiederum Röhren aus, die dem Transport von Photosyntheseprodukten von den Blättern zu den Wurzeln dienen. Die Außenschicht der Rinde, die Borke, entsteht durch Verkorken älterer Rindenzellschichten. Bei manchen Arten trocknet die Korkschicht aus und wird ständig abgeworfen, wodurch die Rinde des Baumes glatt bleibt. Bei vielen Arten stirbt der Kork zwar ab, wird aber nicht abgestoßen. In solchen Fällen nimmt die Borke das vertraute schuppige Aussehen an. Die Borke schützt vor Wasserverlust und vor dem Eindringen von Holz zerstörenden Organismen.

Die **Blätter** schließlich sind die Nahrungs- und Baustofferzeuger der Pflanzen. Sie sind durch den Blattstiel mit den Zweigen verbunden. In der Blattfläche setzt er sich als Mittelrippe fort und verzweigt sich bei Laubblättern netzartig. Die das Blatt aufbauenden Zellschichten (Abbildung s. Seite 11) haben verschiedene Aufgaben. Die äußerste Zellschicht ist die Epi-

Splintholz   Kernholz   Borke   innere Rindenzellschicht   Kambium

Schnitt durch einen Baumstamm. Die Jahresringe, das Kambium und die Rinde sind gut zu erkennen.

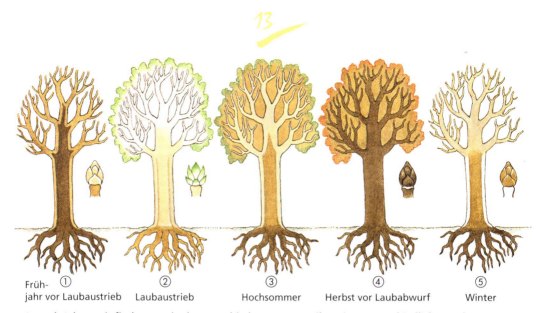

①	②	③	④	⑤
Frühjahr vor Laubaustrieb	Laubaustrieb	Hochsommer	Herbst vor Laubabwurf	Winter

Je nach Jahreszeit findet man in den verschiedenen Baumteilen eine unterschiedliche Stärkekonzentration (dunkelbraun = maximale Stärkekonzentration; braun = reichliche Konzentration; hellbraun = spärliche Konzentration; weiß = kaum Stärke vorhanden).

dermis. Sie gibt dem Blatt Form und Festigkeit. Vielfach ist eine wasserundurchlässige Wachsschicht, die Kutikula, aufgelagert. In der Epidermis der Blattunterseite finden wir zahlreiche verschließbare Öffnungen, die Spaltöffnungen. Durch sie kommt Kohlendioxid in das Blatt und Sauerstoff aus dem Blatt heraus. Zusätzlich halten sie durch Wasserverdunstung den Wasserstrom in Gang und sorgen gleichzeitig für eine Abkühlung der Blattinnentemperatur. Unter der oberen Epidermis liegt das Palisadengewebe. Hier ist der Hauptort der Photosynthese. Die im Zellplasma schwimmenden Blattgrünkörner stellen mit Hilfe von eingefangener Lichtenergie aus Wasser und Kohlendioxid Traubenzucker (Glukose) und als Abfallprodukt Sauerstoff her. Der Traubenzucker ist einerseits Energiespeicher und andererseits Ausgangsstoff für den Speicherstoff Stärke und die Baustoffe Cellulose und Lignin.
Die Zellen des darunter liegenden Schwammgewebes sind lockerer angeordnet und stellen etwa ein Fünftel der Photosyntheseprodukte her.
Vor dem Laubabwurf im Herbst holt sich die Pflanze die noch vorhandenen Nahrungsreserven, zum Beispiel das Blattgrün, aus den Blättern zurück. Dadurch werden die sonstigen im Blatt befindlichen Farbstoffe sichtbar und die Blätter verfärben sich rötlich oder gelblich. Das Blattgrün wird in der Pflanze gespeichert.

Der Stärkespeicher
Je nach Jahreszeit finden wir eine unterschiedliche Konzentration an eingelagerter Stärke in den verschiedenen Baumorganen (siehe Abbildung oben). Im Winter ⑤ ist die Konzentration an Stärke besonders hoch in den Wurzeln und in den inneren Holzbereichen. Die Stärke benötigt der Baum für den Austrieb im Frühjahr. Werden bei einem Wurzelschnitt im Winter erhebliche Wurzelteile zurückgeschnitten, verliert der Bonsai viele Speicherstoffe. Bei einem Wurzelschnitt kurz vor dem Austrieb ist der Verlust erheblich geringer.

Auch abgestorbene Baumteile sind Gestaltungselemente.

Gestaltungsformen
Baumcharaktere in Miniatur

Die Formen, die wir Bonsai geben, orientieren sich an den Gestalten, die wir in der freien Natur vorfinden. In Japan haben sich so im Laufe der Jahrhunderte die Grundstilarten entwickelt, die wir in Europa als sinnvolle Gestaltungsanregungen übernommen haben.

Jede Baumart besitzt eine gewisse Variabilität in ihrer Gestalt. Je nachdem unter welchen Bedingungen ein Baum wächst, erreicht er zum Beispiel seine maximal mögliche Größe oder wächst nur zu einem miniaturisierten Vertreter seiner Art heran. Gleiches gilt für die Blattgröße, nicht aber für die Größe von Blüten und Früchten.

DER STANDORT BESTIMMT DIE ERSCHEINUNG

Die Gesamterscheinung des jeweiligen Baumes hängt stark von den Standortfaktoren ab. So ist eine Buche im freien Stand weit ausladend und hat Äste bis weit am Stamm hinab, während dieselbe Buche in einem Wald schlank in die Höhe wächst, nur eine mäßig ausladende Krone hat und auch nur in der Krone Äste und Zweige ausbildet. Steht dieselbe Buche aber auf einer Viehweide, werden ihre Äste von den Rindern immer wieder abgefressen und sie bleibt deshalb klein. Die Gestaltung zu einem Bonsai ist also keine Vergewaltigung des Baumes, sondern das Nachvollziehen von natürlichen Vorgängen durch den Mensch. Vielfach erreichen die Bäume als Bonsai gepflegt ein höheres

Alter, als sie es in der freien Natur erlangen würden. In unserer Obhut lassen wir den Bäumen eine optimale Pflege angedeihen

DRAHTEN IMITIERT NATÜRLICHE VORGÄNGE

Die meisten Baumarten versuchen in ihrer Jugend im Konkurrenzkampf um das lebensnotwendige Licht möglichst schnell in die Höhe zu wachsen. Entsprechend sind viele Äste und Zweige in einem mehr oder weniger spitzen Winkel nach oben gerichtet. Hat der Baum annähernd seine angestrebte Höhe erreicht, beginnt er sich stärker zu verzweigen und die Äste werden durch ihr Eigengewicht in einen mehr oder weniger stumpfen Winkel umgelenkt. Die Krone wird flacher und es bilden sich Astetagen aus.
Mit dem Anlegen des Drahtes verlegen wir diesen natürlichen Prozess in jüngere Jahre des Baumes. Spätestens wenn der eingedrahtete Baumteil seine neue Form von selbst behält, wird der Draht entfernt, manchmal auch frühzeitiger, weil er ein-

Ausdrucksstark formt die Natur Bäume.

zudrücken beginnt. Durch das Dickenwachstum dehnt sich der Baumteil langsam auf den Draht zu aus. Erhält das unter der Rinde liegende Kambium einen Druckreiz durch den Draht, reagiert es mit verstärktem Dickenwachstum. Falls der Draht nicht entfernt wird, versucht es den Draht zu überwallen. Der so entstehende Wulst entspricht sicherlich nicht dem Aussehen eines natürlichen Baumes.

Die gebleichten toten Stammregionen und Astbereiche verleihen der in der freien Natur gefundenen Kiefer ein sturmerprobtes, altes Aussehen.

Bei der frei aufrechten Form hat der Stammverlauf sanfte Schwünge.

Die streng aufrechte Form hat einen absolut geraden Stammverlauf.

DIE FREI AUFRECHTE FORM

Bei dieser am häufigsten gestalteten Grundstilart weist der Stamm sanfte Biegungen auf, die von unten nach oben immer weniger ausladend sind. Die Stammbiegungen gehen hier nicht nur zu den beiden Seiten, sondern auch nach vorn und hinten, also in alle horizontalen Raumrichtungen. Über dem gut sichtbaren Stammfuß liegt die Krone im Lot und neigt sich ganz leicht nach vorn. Dadurch öffnet sich der Baum freundlich dem Betrachter. An den Außenseiten der Stammbiegungen entspringen die dickeren Äste, nehmen die Stammbewegungen auf und führen sie in horizontaler Richtung fort. Der unterste Ast oder Hauptast ist der dickste und längste und zeigt zu einer der beiden Seiten. Der zweite Ast liegt etwas höher an der zweiten Stammbiegung, ist etwas kürzer und zeigt leicht nach hinten versetzt zur anderen Seite. Der dritte Ast zeigt nach hinten und gibt von vorn leicht sichtbar der Gestaltung Tiefe. In diesem Dreierrhythmus gehen wir bis zur Spitze.

Die Spitzen des untersten Astes, des zweiten Astes und der Krone bilden die Eckpunkte eines ungleichschenkligen Dreiecks und legen damit die Silhouette des Baumes fest (Abbildung s. Seite 54).

Als **Schalen** kommen flache ovale oder rechteckige Formen in Frage. Die Breite der Schale sollte zwei Dritteln der Baumhöhe entsprechen. Dem Durchmesser des Stammes an der dicksten Stelle entspricht die Höhe des Schalenrandes. Die Stellung des Baumes in der Schale liegt kurz hinter der Schalenmittellinie und zwei Drittel von einem Schalenrand entfernt. Mehr dazu auf der Innenklappe.

DIE STRENG AUFRECHTE FORM

Ein bis zur Baumspitze vollkommen gerader Stamm entwickelt sich bei dieser Grundstilart aus einem sternförmig angeordneten

Wurzelhals. Wie bei der frei aufrechten Form verjüngt sich der Stamm gleichmäßig vom Wurzelansatz bis zur Spitze.

Nach dem astfreien unteren Stammdrittel kommt der unterste Ast, der Hauptast. Er zeigt zu einer der beiden Stammseiten. Die anderen Äste folgen dem Muster der frei aufrechten Form. Während der Stamm ganz gerade ist, sind bei den Ästen leichte, aber markante Biegungen erlaubt. Von unten nach oben werden die Äste dünner, kürzer und weniger verzweigt. Wieder bildet ein ungleichschenkliges Dreieck aus Hauptast, zweitem Ast und Baumspitze die Baumsilhouette.

Für die **Schalenauswahl** gelten dieselben Kriterien wie für die frei aufrechte Form (siehe Seite 16).

DIE GELEHNTE FORM

Bei dieser Grundstilart neigt sich der ganze Baum zu einer der beiden Seiten. Während die Wurzeln des Stammfußes auf der neigungsabgewandten Seite gestreckt sind, sind die Wurzeln auf der gegenüberliegenden Seite gestaucht. Der Hauptast entspringt nach dem unteren astfreien Stammdrittel auf der neigungsabgewandten Seite und führt möglichst parallel zum Stamm nach unten. Die Äste der Stammneigungsseite sind kürzer und versuchen die Neigung des Stammes auszubalancieren. Die längeren Äste der anderen Seite bilden das Gegengewicht.

Der Stamm kann leichte Biegungen aufweisen oder auch ganz gerade sein.

Als **Schalen** wählen wir wieder flache ovale oder rechteckige Schalen aus. Die Proportionen der Schale wählen wir wie bei der frei aufrechten Form (siehe Seite 16).

Der Stamm der gelehnten Form ist zu einer Seite geneigt.

DIE KASKADE

Durch einen Erdrutsch im Hochgebirge oder an einer Steilküste kann ein Baum aus seiner Balance gedrückt werden, ohne dass er dabei entwurzelt wird. Nun weist die Krone über die Steilklippe nach unten. Häufig baut der Baum aus einem Nebenast eine neue, verkleinerte, senkrecht nach oben wachsende Krone auf, um das Gleichgewicht wiederzuerlangen.

Die Hauptaussage erhält die Kaskade durch die Äste, die über den Schalenrand in die Tiefe reichen. Diese Äste sollten über die Schalenbasis hinabreichen. Die Anordnung der Äste gleicht grünen Treppen, wobei die Stamm- und Astbiegungen leichte S-förmige Schwünge aufweisen. Die darin befindlichen Laubpolster weisen von der Schale weg nach außen.

Über der ersten starken Stammbiegung, die sich noch über der Schalenfläche befindet, erhebt sich die neue, meist schirmförmige, niedrige Krone. Will man den Baum nicht ständig eingedrahtet haben, kommen nur langsam wachsende Pflanzenarten in Frage, da neue Triebe grundsätzlich der Sonne entgegen wachsen.

Die **Schale** muss ein optisches und tatsächliches Gegengewicht für die in die Vertikale weisende Baumform darstellen. Daher benötigen wir eine recht tiefe Schale, die entweder kreisrund, quadratisch oder mehreckig ist. Der Schalendurchmesser entspricht ungefähr dem Fünffachen des Stammes. Genau in die Mitte der Schale gepflanzt erstreckt sich die Kaskade bei eckigen Schalen über eine der Schalenseiten.

WALDPFLANZUNGEN, MEHRFACHSTÄMME UND LANDSCHAFTSSTIL

In der Bonsai-Kunst hat die Gestaltung von kleineren Gehölzgruppen bis hin zu großen, undurchdringlichen Wäldern sehr viele Liebhaber. Bei der Gestaltung von Gehölzgruppen sollte man einige Grundsätze beachten:

▶ Es werden nur Bäume derselben Art verwendet. Gruppen aus verschiedenen Gehölzarten sind häufig schwieriger zu pflegen, da die einzelnen Baumarten unterschiedliche Bedürfnisse haben können.

▶ Um Symmetrie zu vermeiden wählt man eine ungerade Anzahl von Bäumen aus. Lediglich die Größe der Schale begrenzt die Höchstzahl an verwendeten Bäumen.

▶ Die Bäume sollten sich in Stammdicke und -höhe unterscheiden. Der höchste Baum oder Hauptbaum ist immer auch der dickste. Die anderen Bäume werden abgestuft immer kleiner und dünner.

▶ Sehr flache und großflächige Schalen oder andere Pflanztabletts sind besonders gut für diese Stilarten geeignet.

Ein geschlossener Wald

Man kann zum Beispiel aus 13 Bäumen einen geschlossenen Wald pflanzen. Der Hauptbaum steht etwas mehr als ein Drittel von einer Schalenseite entfernt. Zur anderen Seite hin pflanzen wir den ersten Nebenbaum (zweitdickster Baum). Während der Hauptbaum hinter der Mittellinie steht, pflanzen wir den Nebenbaum kurz vor der Schalenmit-

Der Stamm der Kaskade neigt sich über den Schalenrand.

tellinie. Der zweite Nebenbaum (drittdickster) steht neben dem Hauptbaum und rückt stärker in den Vordergrund als der erste Nebenbaum. Die Verbindungslinien der drei Hauptbäume bilden von oben betrachtet ein ungleichschenkliges Dreieck. Einige der kleineren Bäume werden in den Hintergrund gesetzt und geben so der Gestaltung Tiefenwirkung. Beim Pflanzen der Bäume muss man darauf achten, dass niemals drei oder mehr Bäume in einer Reihe stehen.

Ein Mehrfachstamm
Wächst aus einem Wurzelballen mehr als ein Stamm, spricht man von Mehrfachstämmen. Bei dieser Stilart gelten für die Anordnung der miteinander verbundenen Stämme dieselben Regeln wie für die Waldform. So spricht man von der kriechenden Form, wenn aus weit unten ansetzenden Ästen eines Baumes durch Bodenkontakt bewurzelte Stämme wurden, die weiterhin mit dem Ursprungsbaum verbunden bleiben. Aus einem umgestürzten Baum, dessen ehemalige Äste zu neuen Stämmen herangewachsen sind, wird die Floßform. Der ehemalige Stamm bildet nun die verbindende „Wurzel".

Die unterschiedlich dicken und alten Bäume eines Waldes geben ihm Tiefenwirkung.

Der Landschaftsstil
Bei der Landschaftsform stellen eindrucksvolle Steine Felsen dar, die mit Bäumen kombiniert werden.

WEITERE STILARTEN

Neben den genannten Stilarten gibt es viele abgeleitete Grundstilarten. Hier sollen nur einige Beispiele genannt werden:

▶ Bei der **Literatenform** versucht der Gestalter, einen in Askese leben Gelehrten darzustellen. Der schlanke Stamm mit den wenigen, mäßig belaubten Ästen und der ausgeprägten Krone vermag die Zurückgezogenheit des Gelehrten gut zu vermitteln.

▶ In windexponierter Lage werden Stamm und Äste in die dem Wind abgewandte Richtung umgelenkt. Man spricht von der **windgepeitschten Form**.

▶ Wenn die vorher genannten Stilarten auf bis zu 20 Zentimeter Maximalhöhe reduziert werden und immer noch ganz natürlich wirken, spricht man von **Mame-Bonsai**. Hier werden an das gestalterische und pflegerische Können besonders hohe Anforderungen gestellt.

Geeignete Baumarten

Europäische Kandidaten für Bonsai

Fast jede verholzende Pflanze lässt sich zum Bonsai gestalten. Entsprechend werden neben den traditionellen asiatischen Baumarten auch europäische Baum- und Straucharten seit vielen Jahren mit großem Erfolg zum Bonsai gestaltet.

Auf den nächsten Seiten finden Sie eine Auswahl von mitteleuropäischen Baum- und Straucharten, die für Bonsai geeignet sind. Sicher gibt es noch viel mehr Arten, die zum Bonsai gestaltet werden können, als hier vorgestellt sind.

Die Auswahl der Arten ist so erfolgt, dass die allgemeinen Pflege- und Gestaltungshinweise auf ähnliche Arten übertragen werden können. Normalerweise werden zwar die Arten in ihrer Bonsai-Eignung besprochen. Aber von vielen Arten können Sie in Gartencentern und Baumschulen auch sehr gut zu gestaltende Zuchtformen finden. (Die wissenschaftlichen Namen der Zuchtformen leiten sich von denen der Arten ab, sind aber durch Zusatznamen erweitert.) Die Pflegemaßnahmen und Gestaltungsempfehlungen dieser Zuchtformen sind normalerweise wie bei den jeweiligen Arten anzuwenden.

Bei jeder Artbeschreibung finden Sie neben dem botanischen Namen auch den gebräuchlichen deutschen Namen. Eine Kurzbeschreibung der Artmerkmale hilft Ihnen, die Pflanze in der freien Natur wieder zu finden.

In dem farbig unterlegten Kasten auf den Porträtseiten finden Sie neben Hinweisen

Die Hainbuche in streng aufrechter Form hat einen gut ausgeprägten Stammfuß.

Aus Birken lassen sich besonders schöne Bonsai-Wälder gestalten.

zur Pflege, Formgebung und Formerhaltung auch Informationen über den richtigen Standort, die Überwinterungsmöglichkeiten, wann gegossen und gedüngt werden muss, was beim Umtopfen beachtet werden muss und den günstigsten Zeitraum zum Drahten.
Da die Klimabedingungen und die Jahreszeitverläufe in den Regionen Europas variieren, beziehen sich die Angaben auf die Normalbedingungen Mitteleuropas. Entsprechend verzögern sich in kälteren Regionen die Pflegemaßnahmen, während sie in wärmeren Regionen früher durchgeführt werden müssen.

Wichtig: Alle hier vorgestellten Arten sind nur als Freiland-Bonsai (Balkon, Terrasse oder Garten) geeignet. Bei dem Versuch der Pflege im Zimmer werden die Pflanzen früher oder später sterben. Sie können die Bäume höchstens in der Wachstumszeit für zwei bis drei Tage im Zimmer aufstellen.

FELDAHORN
Acer campestre

Dieser kleine bis mittelgroße Baum ist reich verzweigt, mit rundlicher Krone und wird normalerweise 10 bis 15 Meter hoch. Die Borke ist durch Längs- und Querrisse rechteckig gefeldert, grau bis schwarzgrau und schwach abschuppend. Die jungen Zweige sind olivgrün bis rotbraun, zunächst fein behaart, später verkahlend und längsrissig. Bei Verletzungen tritt weißer Milchsaft aus.

Die Laubblätter sind gegenständig, 5 bis 8 Zentimeter lang, 5 bis 10 Zentimeter breit und in drei bis fünf Lappen buchtig unterteilt. Die Blattstiele sind oft rötlich gefärbt. Die Herbstfärbung beginnt mit goldgelben oder bronzefarbenen Flecken und endet intensiv gelb bis goldgelb. Die Früchte stehen immer zu zweit beieinander und bilden dabei einen Winkel von 180 Grad.

Standort: Vollsonnig. Im Winter ab –5 °C den Wurzelballen gegen Durchfrieren schützen. Bei tieferen Frosttemperaturen windgeschützt aufstellen.

Gießen: Der Wurzelballen sollte immer gleichmäßig feucht gehalten werden. Vor allem Ballentrockenheit wird schlecht vertragen.

Düngen: Nach dem Austrieb bis zum Beginn der Herbstfärbung alle zwei Wochen mit organischem Kugeldünger. Im Winter nicht düngen!

Umtopfen: Alle zwei Jahre im Frühjahr mit einem mäßigen Wurzelschnitt. Eine Erdmischung aus Akadama und Humus 2:1 verwenden.

Schneiden: Sollen der Stamm oder die Äste noch an Dicke gewinnen, lässt man den Austrieb lang auswachsen und schneidet dann auf ein bis drei Blattpaare zurück. Ansonsten schneidet man vor dem Austrieb im Frühjahr möglichst stark zurück, da beim Feldahorn mit einem relativ starken Zuwachs zu rechnen ist. Um eine feine Verzweigung zu erzielen, lässt man den Austrieb auf sechs bis acht Blattpaare heranwachsen und schneidet dann auf ein bis zwei Blattpaare zurück. Der nun heranwachsende Neuaustrieb wird pinziert. Man zupft hierbei, sobald sich das erste Blattpaar zu entfalten beginnt, zwischen dem Blattpaar die Triebspitze heraus. Nun wird das Längenwachstum gestoppt und wir erhalten kurze Blattabstände.

Müssen dickere Äste entfernt werden, geschieht das entweder Anfang Februar oder nach dem Laubaustrieb im Frühjahr.

Drahten: Dickere Äste oder gar der Stamm sind häufig nicht mehr biegbar. Mit Spanndrähten ist jedoch eine Korrektur möglich. Ansonsten werden einjährige Äste vorsichtig mit Draht gebogen.

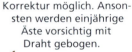

Eine Gruppe aus Feldahornen

ROSSKASTANIE
Aesculus hippocastanum

In Mitteleuropa ist die Rosskastanie erst seit Ende des 16. Jahrhunderts anzutreffen. Ursprünglich ist sie in der Gegend um das heutige Istanbul beheimatet.
Der asymmetrische, breitkronige Baum mit häufig überhängenden Ästen wird bis 25 Meter hoch und hat eine graubraune Schuppenborke. Auffällig sind die eiförmigen Endknospen.
Die Laubblätter sind fingerförmig gefiedert und 10 bis 20 Zentimeter lang. Die fünf bis sieben Fieder laufen in einer Spitze aus. Wegen der großen Blätter eignet sich die Rosskastanie nur für größere Bonsai.
Die Blüten sind endständige, aufrecht stehende Blütenrispen von bis zu 30 Zentimeter Länge. Im September/Oktober reifen die bis zu drei glänzend dunkelbraunen Samen in der grünen, stacheligen Frucht.

Standort: Vollsonnig bis halbschattig, sollte vor Spätfrösten im Vorfrühling geschützt werden. Im Winter ab –5 °C den Wurzelballen gegen Durchfrieren schützen.
Gießen: Das Erdreich immer gleichmäßig feucht halten. Nach Möglichkeit mit Regenwasser gießen, da zu hohe Salzkonzentrationen im Boden zu einem Braunwerden der Blattränder führen.
Düngen: Nach dem Austrieb beginnen wir mit organischem Kugeldünger zu versorgen. Vom Frühsommer an reichen wir einen phosphor-kali-betonten Mineraldünger. Im Winter nicht düngen!
Umtopfen: Alle zwei bis drei Jahre mit einem Wurzelschnitt entweder kurz vor dem Austrieb oder nach der Blüte. Eine Erdmischung aus Akadama und Humus 2:1 verwenden.

Aus Rosskastanien lassen sich nur größere Bonsai gestalten.

Schneiden: Die Rosskastanie eignet sich wegen der großen Blätter nur für relativ große Bonsai. Legt man keinen Wert auf Blüten und Früchte, entfernt man die großen Spitzenknospen vor dem Austrieb. Aus den Nebenknospen wachsen normalerweise kürzere Triebe mit kleineren Blättern. Erst wenn der Bonsai einigermaßen ausgereift ist, lässt man auch einzelne Blüten zu. Den Austrieb lässt man auf fünf bis sechs Blätter heranwachsen und schneidet dann auf zwei bis drei Blätter zurück.
Drahten: Gedrahtet werden noch biegsame Äste im Mai/Juni. Junge Triebe drahtet man, wenn die Rinde sich verfärbt. Wegen des Dickenwachstumsschubes im Juni muss man darauf achten, dass der Draht nicht einzuwachsen beginnt.

SCHWARZERLE
Alnus glutinosa

Die Schwarzerle verträgt ohne weiteres periodische Staunässe. Der meist einstämmige, locker verzweigte Baum hat einen bis weit in die pyramidale Krone hinaufreichenden, geraden Stamm. Junge Zweige sind olivgrün, später grünlich braun und glänzend. Ältere Stämme haben eine dunkelgraue bis schwarze, zerklüftete und längsrissige Borke. Die wechselständigen, verkehrt eiförmigen Blätter sind 4 bis 9 Zentimeter lang und ebenso breit, an der Spitze gestutzt, stumpf oder ausgerandet. Der Blattrand ist gezähnt.
Die männlichen Kätzchen werden schon im vorjährigen angelegt, erblühen aber erst vor der Laubentfaltung im nächsten Frühjahr. Die weiblichen Kätzchen entwickeln sich in den Blattachseln und reifen zu einem verholzenden Zapfen heran.

Standort: Vollsonnig bis halbschattig, vor starken Winden schützen. Im Winter ab –5 °C den Wurzelballen gegen Durchfrieren schützen.
Gießen: Der Wurzelballen sollte immer gleichmäßig feucht gehalten werden. Ballentrockenheit ist auf jeden Fall zu vermeiden. Da die Schwarzerle an ein Leben in feuchten Böden angepasst ist, hat sie einen hohen Wasserbedarf. Das Wasser sollte kalkarm bis kalkfrei sein.
Düngen: Normalerweise lebt die Schwarzerle mit Wurzelbakterien in Symbiose, die sie mit dem notwendigen Stickstoff versorgen. Daher verwendet man vom Austrieb bis zum Herbst einen stickstoffarmen Dünger. Im Winter nicht düngen!
Umtopfen: Alle zwei bis drei Jahre im Frühjahr mit einem mäßigen Wurzelschnitt. Eine Erdmischung aus Akadama und Humus 2:1 verwenden.
Schneiden: Müssen dickere Äste entfernt werden, sollte das im späten Frühjahr geschehen. Größere Schnittwunden aus dem Herbst oder Winter verheilen nur sehr schlecht.
Den ersten Austrieb lässt man auf acht bis zehn Blätter heranwachsen und schneidet dann auf zwei bis drei Blätter zurück. Der nachfolgende Austrieb wird bei sechs bis acht Blättern auf ein bis zwei Blätter eingekürzt. Mit ein bis zwei Blattschnitten in der Wachstumszeit erreicht man eine bessere Verzweigung, nicht aber eine Verringerung der Blattgröße.
Drahten: Ältere, biegbare Äste werden kurz vor dem Austrieb gedrahtet. Jüngere Triebe kann man bereits drahten, wenn sie auszuhärten beginnen.

Schwarzerle in frei aufrechter Form

HÄNGEBIRKE
Betula pendula

Die Birke gehört zu den Erstbesiedlern einer Brachfläche. Charakteristisch für diesen 10 bis 25 Meter hohen Baum ist die weiße Rinde. An der Basis älterer Bäume finden wir eine schwarz gefurchte, netzig längsrissige Borke. Die braun bis bronzefarben glänzenden jungen Zweige sind dicht mit Korkwarzen besetzt.
Die 4 bis 7 Zentimeter langen Laubblätter sind rautenförmig, mit lang ausgezogener Spitze und regelmäßig doppelt gesägt.
Die männlichen Kätzchen entstehen im Vorjahr an den Spitzen von Langtrieben und hängen während der Blütezeit locker herab. Die weiblichen Kätzchen erscheinen erst im Frühjahr an der Spitze beblätterter Kurztriebe und stehen aufrecht. Das reifende Kätzchen hängt herab und entwickelt viele dünnhäutig geflügelte Nüsschen.

Standort: Vollsonnig bis halbschattig, da nur bei ausreichender Sonnenbestrahlung der weiße Stamm entsteht. Im Winter ab −5 °C den Wurzelballen gegen Durchfrieren schützen.
Gießen: Der Wasserbedarf ist relativ hoch, weshalb die Erde immer feucht sein sollte. Gleichzeitig sollte überschüssiges Gießwasser gut ablaufen können. Sowohl auf Ballentrockenheit als auch auf Staunässe reagiert die Birke mit Laubabwurf.
Düngen: Mit dem Düngen beginnt man nach dem Laubaustrieb und endet im Herbst. Im Winter nicht düngen!
Umtopfen: Wegen des starken Wurzelwachstums muss spätestens alle zwei Jahr umgetopft werden. Da der Wurzelballen nach dem Wurzelschnitt keine Spätfröste mehr verträgt, wird erst unmittelbar vor dem Austrieb ein Wurzelschnitt gemacht. Eine Erdmischung aus Akadama und Humus 2:1 verwenden.
Schneiden: Beim Formschnitt im Frühjahr ist darauf zu achten, dass die Krone nicht zu dicht bleibt. Der Neuaustrieb wird bei zehn bis zwölf Blättern auf zwei bis drei Blätter zurückgeschnitten. Jeder weitere Austrieb wird bei sechs bis acht Blättern auf ein bis zwei Blätter eingekürzt.
Grundsätzlich alle Schnitte ab Bleistiftdicke mit einem Wundverschlussmittel abdecken.
Drahten: Gedrahtet werden kann nach dem Austrieb. Da der Dickenzuwachs recht schnell sein kann, wächst der Draht manchmal schon nach vier Wochen ein. Daher sollte er regelmäßig kontrolliert und bei Bedarf schnell entfernt werden. Im Winter sollte kein Draht mehr an der Birke sein, da das zum Absterben von Trieben führen kann.

Hängebirke in Doppelstamm-Form

HAINBUCHE
Carpinus betulus

Die Hainbuche ist äußerst schnittverträglich. Sie ist nicht mit der Rotbuche, sondern mit den Birken verwandt.
Der häufig gebogene Stamm dieses bis zu 25 Meter hohen Baumes besteht aus sehr hartem, wenig biegsamem Holz. Die graubraune bis dunkelgraue Borke ist häufig auch im Alter glatt und zeigt ein längs verlaufendes Netzmuster. Im Alter zeigt der Stamm erhabene Rippen. Die Laubblätter haben eine länglich-elliptische Spreite, sind 5 bis 10 Zentimeter lang, längs der Blattadern gefaltet und doppelt gesägt. Die männlichen Kätzchen entspringen aus Kurztrieben seitenständiger Knospen vorjähriger Zweige. Die weiblichen Kätzchen entstehen an jungen Langtrieben. An den Fruchtständen entwickeln sich Nüsschen mit einem dreilappigen Flugorgan.

Standort: Halbschattig bis vollsonnig, aber vor allem im Frühjahr vor starkem Wind schützen, da sonst die Blattränder braun werden können. Im Winter ab −5 °C den Wurzelballen gegen Durchfrieren schützen.
Gießen: Der Wurzelballen sollte wenigstens mäßig feucht gehalten werden. Wasser mit einem geringen Kalkgehalt ist bevorzugt zu verwenden, da der Salzgehalt des Bodens nicht zu hoch sein darf.
Düngen: Nach dem Austrieb beginnen wir mit organischem Kugeldünger zu versorgen. Ab Anfang September und im Winter nicht düngen!
Umtopfen: Die Hainbuche verträgt einen kräftigen Wurzelschnitt recht gut, der alle zwei bis drei Jahre vor dem Austrieb erfolgen sollte. Eine Erdmischung aus Akadama und Humus 2:1 verwenden.

Schneiden: Für die Gestaltung nicht notwendige, dickere Äste werden im späten Frühjahr entfernt. Vor dem Austrieb werden auch alle überlangen Triebe zurückgeschnitten. Sehr große Spitzenknospen können im zeitigen Frühjahr herausgebrochen werden. Den Frühjahrsaustrieb lässt man auf acht bis zehn Blätter wachsen und kürzt dann auf zwei bis drei Blätter ein. Soll ein Ast schneller dick werden, lässt man die daran befindlichen Triebe länger wachsen und schneidet dann stark zurück. Jeder weitere Neuaustrieb wird bei fünf bis sechs Blättern auf zwei Blätter zurückgenommen.
Drahten: Bis zweijährige Zweige lassen sich meist noch gut mit Draht formen. Ältere Triebe kann man zwar auch noch drahten, der Draht wächst vor allem im Sommer schnell ein und muss dann entfernt werden.

Hainbuche in leicht gelehnter Form mit gutem Wurzelansatz

KORNELKIRSCHE
Cornus mas

Die Kornelkirsche gehört zu unseren ersten Blühgehölzen. Die Blütenknospen öffnen sich bei milder Witterung bereits im Februar. Als sparrig verzweigter, 3 bis 6 Meter hoher Strauch mit überhängenden Zweigen und graubrauner, schuppig abblätternder Borke lässt sich die Kornelkirsche recht gut zu einem kleinen Bonsai gestalten.

Die mit 5 bis 10 Zentimeter recht langen, keilförmig geformten, mit bogig aufsteigenden Seitenadern versehenen Blätter lassen sich in der Bonsai-Kultur recht gut verkleinern. Die dicken, runden Blütenknospen entstehen bereits im Spätsommer an den Spitzen unterschiedlich langer Seitentriebe. Aus jeder Knospe entfalten sich gelbe Blüten. Nach der Befruchtung entwickeln sich 2 Zentimeter lange, rote, saftreiche Steinfrüchte.

Standort: Vollsonnig bis halbschattig, im Hochsommer vor praller Sonneneinstrahlung schützen. Im Winter ab −5 °C den Wurzelballen gegen Durchfrieren und die oberirdischen Teile vor kalten Winden schützen.

Gießen: Die Erde sollte immer gleichmäßig feucht gehalten werden. Sowohl Ballentrockenheit als auch Staunässe werden schlecht vertragen. Nach Möglichkeit mit Regenwasser gießen.

Düngen: Nach der Blüte gibt man organischen Kugeldünger. Vom Frühsommer an reichen wir einen phosphor-kali-betonten Mineraldünger. Im Winter nicht düngen!

Umtopfen: Alle zwei Jahre mit einem Wurzelschnitt nach der Blüte. Eine Erdmischung aus Akadama und Humus 2:1 verwenden.

Schneiden: Nach der Blüte wird die Form überarbeitet. Alle über-langen Triebe werden auf wenige Augen zurückgeschnitten. Nun können auch dickere Äste, die die Form stören, entfernt werden. Der Austrieb sollte auf sechs bis acht Blätter heranwachsen und dann auf zwei bis drei Blätter zurückgeschnitten werden. Der nachfolgende Neuaustrieb sollte bei reifen Bonsai, mit Rücksicht auf die Blütenknospenbildung, unbeschnitten bleiben. Bei Bonsai in der Erziehungsphase können auch diese Triebe auf zwei bis drei Blätter zurückgeschnitten werden.

Drahten: Noch junge Triebe lassen sich gut mit Draht formen, sobald sie auszuhärten beginnen. Dickere Äste lassen sich nicht mehr so leicht mit Draht in der Form korrigieren und werden daher am besten mit Spanndrähten in Form gebracht.

Eine kleine Kornelkirsche mit dickem Stamm

ROTBUCHE
Fagus silvatica

Die Rotbuche ist ein bis zu 30 Meter hoher Baum mit silbergrauer, glatter Borke und starken, überhängenden Ästen. Die Endknospen laufen spitz zu.
Die Laubblätter sitzen an recht kurzen Stielen, sind 5 bis 10 Zentimeter lang, fast oval und am Rand charakteristisch gewellt. Junge Blätter sind anfangs seidig behaart, später oberseits glatt und glänzend, unterseits längs der Blattadern behaart.
Die weiblichen und männlichen Blüten sind meist unscheinbar. In dem verholzenden Fruchtbecher befinden sich bis zu drei kantige, glänzend braune Nüsschen. Zusammen mit den Eichen und den Esskastanien bilden die Buchen die Familie der Buchengewächse (Fagaceae). Buchen können ohne weiteres 300 Jahre alt werden.

Standort: Vollsonnig bis halbschattig. Während des Austriebs, solange die Blätter noch nicht ausgereift sind, sollte der Standort windgeschützt sein. Die Blätter könnten sonst braune Ränder bekommen. Im Winter ab −5 °C den Wurzelballen gegen Durchfrieren und die oberirdischen Teile vor kalten Winden und Spätfrösten schützen!
Gießen: Die Buche ist sehr empfindlich gegen Ballentrockenheit und Staunässe. Entsprechend sollte die Erde gleichmäßig feucht gehalten werden. Nach Möglichkeit mit Regenwasser gießen.
Düngen: Der Dünger sollte einen ausreichenden Kaliumanteil haben. Mit organischem Kugeldünger wird vom Austrieb bis zum Herbst regelmäßig gedüngt.
Umtopfen: Alle zwei Jahre mit einem Wurzelschnitt vor dem Austrieb. Eine Erdmischung aus Akadama und Humus 2:1 verwenden. Auf eine gute Drainageschicht achten.
Schneiden: Erst kurz vor dem Austrieb fallen die im Herbst braun gewordenen Blätter ab. Nun kann die Form überarbeitet werden. Nach Möglichkeit lässt man oberhalb der Knospe, auf die man den Trieb zurückgesetzt hat, ein 1 Zentimeter langes Zweigstück stehen. Übergroße Spitzenknospen werden ebenfalls entfernt. Neue Triebe werden bei sechs bis acht Blättern auf zwei bis drei Blätter zurückgeschnitten.
Drahten: Beim Drahten kann die Rinde leicht verletzt werden. Einjährige Äste lassen sich gut mit Draht formen. Dickere Äste sehr vorsichtig biegen. Im Juni wächst der Draht besonders schnell ein und muss eventuell entfernt werden.

Rotbuche in frei aufrechter Form mit dichter Krone

GEMEINER WACHOLDER
Juniperus communis

Der Gemeine Wacholder kommt an verschiedenen Standorten vor.
Der Stamm ist meist recht niedrig und nur bis 30 Zentimeter dick. Die Borke ist grau- bis rotbraun, längsstreifig und löst sich in kleinen, papierartigen Fetzen ab. Junge Triebe sind hellgrün und fast dreieckig, werden aber später braun. Die Blätter sind nadelförmig stachelspitz und stehen zu dritt beieinander. Ihre Lebensdauer beträgt drei bis vier Jahre.
Vom Gemeinen Wacholder gibt es männliche und weibliche Pflanzen. Männliche Blüten sind gelb und sitzen in großen Mengen an den Spitzen junger Triebe. Die weiblichen Blüten sind unscheinbar und grün. Der sich daraus bildende Beerenzapfen ist kugelig und zur Reife schwarzblau.

Standort: Vollsonnig, da Äste, die unter Lichtmangel leiden, schnell absterben und abgeworfen werden. Im Winter ab –5 °C den Wurzelballen gegen Durchfrieren schützen. Ansonsten ist der Gemeine Wacholder sehr winterhart.
Gießen: Der Wacholder verträgt zwar auch einmal eine kurzzeitige Trockenperiode, gedeiht aber am besten, wenn der Ballen gleichmäßig feucht gehalten wird. Staunässe mag er nicht.
Düngen: Mit dem Austrieb beginnt das Düngen mit einem organischen Kugeldünger. Ab Mitte August wird kein Dünger mehr gereicht.
Umtopfen: Alle zwei Jahre mit einem Wurzelschnitt im zeitigen Frühjahr, spätestens aber mit Beginn des Austriebs. Eine Erdmischung aus Akadama und Humus 2:1 verwenden. Auf eine gute Drainageschicht achten.
Schneiden: Das Gestaltungsziel, dichte Laubpolster auf gut geformten Ästen zu bekommen, erreicht man, indem man mit einer feinen Schere den Neuaustrieb bei 2 bis 3 Zentimeter Länge auf ein Drittel einkürzt, wobei keine Nadeln angeschnitten werden sollten. Soll der Ast noch an Dicke gewinnen, lässt man einen Spitzentrieb länger auswachsen. Im Sommer wird der Trieb dann stark zurückgeschnitten. Müssen dickere, die Form störende Äste entfernt werden, ist die Wundheilung bei einem Rückschnitt im Frühjahr am besten. Auf jeden Fall ein Wundheilungsmittel auftragen.
Drahten: Alle Baumteile lassen sich gut mit Draht formen. Im Frühsommer eingedrahtete dickere Äste lassen sich gut in Form bringen. Junge Triebe sollten zum Drahten etwa zweijährig sein. Narben von eingedrücktem Draht verheilen nach einiger Zeit recht gut.

Eindrucksvoll ist der Wacholder als Kaskade.

EUROPÄISCHE LÄRCHE
Larix decidua

Die Europäische Lärche wird bis zu 50 Meter hoch, hat zunächst eine ebenmäßig kegelförmige, später eine abgeflacht lichte Krone. Die tief gefurchte, grau- bis rotbraune Schuppenborke ist bis zu 10 Zentimeter dick. Junge Triebe sind strohgelb bis hellbraun und dicht von Nadeln umgeben. Das Sprosssystem ist deutlich in Lang- und Kurztriebe gegliedert. Langtriebe sind locker schraubig benadelt, während sich an Kurztrieben Rosetten mit 40 bis 50 Nadeln befinden.
Charakteristisch sind die nadelförmigen, weichen und abgeflachten Blätter. Die weichen Nadeln sind im Austrieb hellgrün, dunkeln aber nach. Männliche und weibliche Blütenstände erscheinen an dreijährigen Kurztrieben. Die Samen reifen in aufrecht stehenden Zapfen.

Standort: Vollsonnig, da bei Lichtmangel gerade im Frühjahr die Nadeln zu lang werden. Im Winter ab –5 °C den Wurzelballen gegen Durchfrieren schützen.
Gießen: Die Lärche sollte das ganze Jahr über eine gleichmäßige Ballenfeuchtigkeit haben. Staunässe sollte vermieden werden.
Düngen: Der Dünger sollte nicht allzu stickstoffreich sein, da sonst die Nadeln zu lang und das Längenwachstum zu üppig ausfällt. Mit dem Düngen beginnen, wenn die Nadeln des Erstaustriebs satt grün sind. Mitte August endet die Düngeperiode.
Umtopfen: Alle zwei bis fünf Jahre mit einem Wurzelschnitt im zeitigen Frühjahr. Eine Erdmischung aus Akadama und Humus 2:1 verwenden. Auf eine gute Drainageschicht achten.
Schneiden: Kurz vor dem Austrieb

werden überlange Triebe auf ein bis zwei Knospen zurückgeschnitten. Triebspitzenknospen entwickeln Langtriebe, während Knospen im Verzweigungszentrum Kurztriebe bilden. Der Austrieb von Langtrieben wird auf ein bis zwei Knospen zurückgeschnitten, sobald man die Achselknospen bei einigen Nadeln erkennen kann. Durch den Rückschnitt können Kurztriebe angeregt werden zu Langtrieben auszuwachsen. Auch diese Triebe werden eingekürzt, wenn die Knospen erkennbar sind.
Drahten: Die Formung der leicht bogig abwärts geneigten Astpolster mit Draht kann im zeitigen Frühjahr erfolgen. Bis zum Herbst sind die eingedrahteten Baumteile meist so ausgehärtet, dass der Draht wieder entfernt werden kann.

Zwei Stämme entwickeln sich bei dieser Lärche aus dem Stammansatz.

WILDAPFEL
Malus sylvestris

Der Wild- oder Holzapfel ist ein kleiner Baum von bis zu 10 Meter Höhe mit weit abstehenden Ästen und einer graubraunen, längsrissig geschuppten Borke. Junge Zweige sind zunächst hellfilzig behaart, olivgrün bis rötlich, bald aber verkahlend und graubraun. Nicht blühende Seitentriebe haben an der Spitze häufig Dornen. Die Laubblätter sind eiförmig zugespitzt und 6 bis 9 Zentimeter lang. Sie sind im Austrieb dicht behaart, bald aber an der Oberseite verkahlend und glänzend. An der Unterseite bleiben die Haare längs der Blattadern erhalten.
Im April und Mai erscheinen aus jeder Blütenknospe mehrere kleine weiße oder hell- bis dunkelrosa Blüten. Bis September/Oktober bilden sich 3 Zentimeter dicke, gelbgrüne, sonnenseits gefärbte Äpfel.

Standort: Vollsonnig bis halbschattig. Im Winter ab −5 °C den Wurzelballen gegen Durchfrieren schützen. Da sich die Blüten rechtzeitig im Frühjahr entfalten, muss der Baum gegen Spätfröste geschützt werden.
Gießen: Der Apfelbaum liebt einen luftfeuchten Standort und sollte daher gut gewässert und an trockenen Hochsommertagen auch übersprüht werden. Bei Wassermangel und Staunässe lässt er die Triebspitzen hängen und wirft Blüten oder Früchte ab.
Düngen: Nach der Blüte bis Mitte August regelmäßig Kugeldünger geben.
Umtopfen: Alle zwei bis drei Jahre mit einem Wurzelschnitt nach der Blüte. Eine Erdmischung aus Akadama und Humus 2:1 verwenden. Auf eine gute Drainageschicht achten.
Schneiden: Mit beginnendem Austrieb im Frühjahr werden dickere, die Form störende Äste entfernt. Auf solche größeren Schnittstellen sollte zur besseren Heilung ein Wundverschlussmittel aufgetragen werden. Die mit der Blüte erscheinenden jungen Triebe lässt man in der Aufbauphase auf sechs bis acht Blätter heranwachsen und schneidet dann auf zwei bis drei Blätter zurück. Sind Blüten gewünscht, lässt man auf fünf bis sechs Blätter wachsen und zupft dann die Triebspitze heraus. Meist bilden sich nun Blütenknospen tragende Nebentriebe. Um den Baum nicht zu schwächen, lässt man nur wenige Fruchtansätze an dem Bonsai.
Drahten: Einjährige Triebe lassen sich noch gut mit Draht formen. Bei allen dickeren Trieben ist die Drahtbarkeit von der Elastizität abhängig. Hier kann man auch mit Spanndrähten die Form beeinflussen.

Apfelbäume imponieren durch ihre Blütenfülle.

GEMEINE FICHTE
Picea abies

Die Gemeine Fichte wird auch Rottanne genannt. Fichte und Tanne unterscheiden sich deutlich. Während die Zweige der Fichte nach dem Nadelabwurf rau sind, bleiben die Zweige der Tanne glatt. Die Zapfen der Fichte hängen an den Zweigen nach unten, während sie bei der Tanne aufrecht stehen.
Die Fichte ist ein 30 bis 50 Meter hoher Baum mit kegelförmiger Krone und einer rotbraunen Borke. Die Blätter sind stechend zugespitzt und stehen dicht schraubig um den Zweig. Die Lebensdauer der Nadeln beträgt fünf bis sieben Jahre. Die weiblichen und männlichen Blüten entstehen an den vorjährigen Zweigen im oberen Wipfelbereich. Bereits am Ende des Jahres sind in den befruchteten Zapfen die geflügelten Samen herangereift.

Standort: Halbschattig bis vollsonnig. Im Winter ab −5 °C den Wurzelballen gegen Durchfrieren schützen. Die Fichte hat zwar eine hohe Frostunempfindlichkeit, mag aber keine Spätfröste während des Austriebs. Um Sonnenbrände zu vermeiden sollte sie im Sommer in kurzen Zeitabständen gedreht werden.
Gießen: Weder Ballentrockenheit noch Staunässe werden gut vertragen. Das Erdreich sollte daher gleichmäßig feucht, aber nicht zu nass gehalten werden.
Düngen: Vom Austriebsbeginn bis Ende August wird regelmäßig mit Kugeldünger gedüngt. Bei älteren Fichten-Bonsai können die Düngergaben zur Verkürzung der Nadeln reduziert werden.
Umtopfen: Alle zwei bis drei Jahre mit einem Wurzelschnitt im zeitigen Frühjahr. Danach vor Frost und Wind geschützt aufstellen. Eine Erdmischung aus Akadama und Humus 2:1 verwenden und auf eine gute Drainageschicht achten.
Schneiden: Im zeitigen Frühjahr können dickere Äste entfernt werden. Zu dicht gewordene, vor allem obere Äste können jetzt auch ausgedünnt werden.
Die neuen Triebe werden jeweils um ein bis zwei Drittel eingekürzt, sobald sie etwa 2 bis 3 Zentimeter lang sind. Die jungen Triebe im oberen Baumdrittel werden hierbei stärker zurückgenommen, als die an den unteren Trieben.
Drahten: Gedrahtet werden kann das ganze Jahr über, wobei das zeitige Frühjahr zu bevorzugen ist. Meist muss ein Ast über mehrere Jahre eingedrahtet werden, bis er die neue Form beibehält. Falls ein Draht entfernt werden musste, weil er einzuwachsen begann, kann der Ast dann erneut eingedrahtet werden.

Eine Fichte in Doppelstammform gestaltet

BERGKIEFER
Pinus mugo

Die Bergkiefer wächst sowohl ein- als auch mehrstämmig und sehr niedrig. Die Krone ist breit kegelförmig und locker. Die graubraune bis schwarzgraue, längsrissige Borke löst sich in kleinen Schuppen ab. Die steifen, sichelförmig gebogenen, zugespitzten Nadeln entspringen immer zu zweit einer Nadelscheide. Jede Nadel ist zwischen 2 und 8 Zentimeter lang und dunkelgrün. Die Lebensdauer der Nadeln liegt zwischen fünf und zehn Jahren. Die männlichen Blüten sitzen am Grund junger Triebe, während sich die weiblichen Blüten an den Spitzen junger Triebe befinden. Der Zapfen ist zunächst violett, am Ende des ersten Jahres grün und erst im zweiten Jahr braun. Die nun reifen Samen verlassen den Zapfen aber erst im Frühjahr des dritten Jahres.

Standort: Vollsonnig, da ein schattigerer Standort zu lange Nadeln erzeugt und die Pflanze schließlich kümmern lässt. Im Winter ab −5 °C den Wurzelballen gegen Durchfrieren schützen.
Gießen: Die Erde sollte gleichmäßig feucht, aber nicht zu nass gehalten werden. Staunässe lässt die Wurzelpilze absterben, was den Baum schädigt.
Düngen: Die Bäume sollten mit organischem Kugeldünger versorgt werden. Gedüngt wird von Mitte Mai bis Mitte August.
Umtopfen: Alle zwei bis fünf Jahre mit einem Wurzelschnitt im zeitigen Frühjahr. Dem Pflanzgranulat sollte eine Hand voll Wurzelpilz von der alten Erde beigemischt werden. Eine Erdmischung aus Akadama und Humus 2:1 verwenden und auf eine gute Drainageschicht achten.
Schneiden: Für ein dichtes Laubpolster mit kurzen Nadeln werden die kerzenartigen Triebe entweder stark eingekürzt oder sogar ganz entfernt. Nach etwa vier Wochen bilden sich an der Schnittfläche neue Knospen, die noch im gleichen Jahr mit kürzeren Nadeln austreiben. Dickere Äste können im zeitigen Frühjahr zurückgeschnitten werden.
Drahten: Die Bergkiefer kann das ganze Jahr über mit Draht geformt werden. Stark borkige Baumteile sollten vor dem Drahten eingesprüht werden, damit die Borke nicht zu schnell einreißt. Die Triebspitzen sollten so gedrahtet werden, dass sie leicht nach oben zeigen.

Imposant geformte Bergkiefer

WALDKIEFER
Pinus sylvestris

Die Waldkiefer hat zunächst eine locker kegelförmige Krone, die später abgeflacht und schirmförmig wird. Der Stamm und die Äste haben im oberen Stammbereich eine orangefarbene Spiegelrinde, die papierdünn abblättert. Im unteren Stammbereich ist es eine dickere, längsfurchige, grau- bis rotbraune Plattenborke. Auf den Ästen bilden sich durch viele kurze Triebe dichte Nadelpolster aus.
Die Waldkiefer gehört zu den zweinadeligen Kiefern. Die Nadeln sind meist deutlich in sich gedreht.
Die männlichen Blüten entwickeln sich an der Basis junger Triebe. Die weiblichen Blüten erscheinen an der Spitze junger Triebe. Wie bei allen Kiefern fallen die Samen erst im dritten Frühjahr nach der Blüte. Die geflügelten Samen werden vom Wind verbreitet.

Standort: Vollsonnig, da ein schattiger Standort zu lange Nadeln erzeugt und die Pflanze schließlich kümmern lässt. Um Frosttrocknis zu vermeiden, sollte der Wurzelballen vor dem Durchfrieren geschützt werden.
Gießen: Die Erde sollte gleichmäßig feucht gehalten werden. Staunässe lässt die Wurzelpilze absterben, was den Baum schädigt. Während des Austriebs im Frühjahr sparsamer gießen, damit die Nadeln nicht zu lang werden.
Düngen: Mit organischem Kugeldünger versorgen. Gedüngt wird von Mitte Mai bis Mitte August.
Umtopfen: Alle zwei bis fünf Jahre mit einem Wurzelschnitt im zeitigen Frühjahr. Dem Pflanzgranulat sollte eine Hand voll Wurzelpilz von der alten Erde beigemischt werden. Eine Erdmischung aus Akadama und Humus 2:1 verwenden und auf eine gute Drainageschicht achten.

Schneiden: Der Austrieb im Frühjahr sieht ähnlich aus wie bei der Bergkiefer (siehe Seite 33). Bei der Waldkiefer werden aber zunächst nur die Kerzen entfernt, die bis Anfang Juni etwa 3 bis 4 Zentimeter lang geworden sind. An den Schnittflächen entwickeln sich neue Knospen, die ihrerseits mit kürzeren Nadeln austreiben. Sobald die Neutriebe zu verholzen beginnen, werden sie gemeinsam mit den vorher nicht entfernten Trieben um ein Drittel eingekürzt. Die sich hier bildenden Knospen treiben im nächsten Frühjahr aus.
Drahten: Die Drahtung der Waldkiefer erfolgt wie bei der Bergkiefer (siehe Seite 33), wobei auch hier bis in die feinste Verzweigung hinein gedrahtet wird.

Waldkiefer-Bonsai aus einem alten, in der Natur gefundenen niedrigen Baum

SCHWARZPAPPEL
Populus nigra

In Auenwäldern der großen Flußniederungen kommt die Schwarzpappel zusammen mit Weiden und anderen Pappelarten vor.
Sie ist ein breitkroniger, schnellwüchsiger Baum mit dicker, tiefrissiger, längs gestreifter Borke. Junge Zweige sind glänzend gelbbraun. Die Laubblätter sind rautenförmig bis dreieckig, 5 bis 8 Zentimeter lang und ebenso breit, oberseits glänzend dunkelgrün und mit einem relativ langen Blattstiel. Die kätzchenförmigen Blüten erscheinen im März/April. Es gibt weibliche und männliche Bäume. Blühende weibliche Kätzchen sind zur Reife gestreckt. Männliche Kätzchen hingegen sind schlaff hängend mit purpurroten Staubbeuteln.
Eine Varietät der Schwarzpappel ist die Pyramiden-Pappel ('Italica'), von der es nur männliche Bäume gibt.

Standort: Vollsonnig, lediglich im Hochsommer bei praller Sonne leicht schattieren, da sonst die Erde zu schnell austrocknet. Im Winter muss der Wurzelballen vor dem Durchfrieren geschützt werden. Auch ist jetzt ein Windschutz erforderlich.
Gießen: Der Wasserbedarf der Pappel ist sehr hoch. Teilweise muss zweimal täglich gewässert werden, um die notwendige gleichmäßige Erdfeuchtigkeit zu gewährleisten.
Düngen: Der Nährstoffbedarf ist recht hoch. Von Mitte Mai bis Mitte August wird regelmäßig mit organischem Kugeldünger versorgt. Noch vorhandene Düngereste werden im August entfernt, um ein Austreiben im Winter zu vermeiden.
Umtopfen: Alle zwei Jahre mit einem kräftigen Wurzelschnitt im zeitigen Frühjahr oder im Herbst. Eine Erdmischung aus Akadama und Humus 2:1 verwenden.
Schneiden: Vom späten Frühjahr bis kurz vor dem Austrieb können dickere Äste entfernt werden. Eine sofortige Versorgung der Wunden mit einem Wundverschlussmittel ist wichtig. Das Entfernen von dickeren Ästen im Sommer oder Herbst kann zum Absterben ganzer Astpartien führen.
Während der ganzen Wachstumszeit werden die neuen Triebe bei sechs bis acht Blättern auf zwei bis drei Blätter zurückgeschnitten. Ein Blattschnitt ist im Juni möglich.
Drahten: Vom Spätherbst bis zum späten Frühjahr können alle Baumteil gedrahtet werden. Da der Draht sehr leicht einwächst, muss der Baum aufmerksam beobachtet werden. Sobald der Draht einzudrücken beginnt, muss er entfernt werden.

Eine Pappel in typischer Wuchsform

HOLZBIRNE
Pyrus pyraster

Die Holzbirne gilt als ein Stammvater unserer Kulturbirnen.
Diese Wildform kommt verstreut in allen Regionen Mitteleuropas vor, ist aber bisher bedauerlicherweise nur selten zum Bonsai gestaltet worden.
Die Holzbirne kann bis zu 20 Meter hoch werden. Die Borke ist grau und kleinschuppig gefeldert. Junge Zweige sind olivgrün bis graubraun und glatt.
Die Blätter sind relativ klein, am Blattstiel abgerundet, am Ende zugespitzt und im Austrieb beidseitig behaart und fein gesägt.
Die Blüten erscheinen April/Mai am Ende belaubter Kurztriebe. Sie bilden dann drei- bis neunblütige Doldentrauben mit oft rötlich auslaufenden weißen Kronblättern. Bis zum September haben sich die kleinen, meist kugeligen Früchte gebildet.

Standort: Vollsonniger bis halbschattiger, luftiger Standort. Im Winter sollte der Wurzelballen gegen Durchfrieren geschützt werden. Nach einem milden Winter frühzeitig erscheinende Blüten müssen gegen Spätfröste geschützt werden.
Gießen: Eine gleichmäßige Bodenfeuchtigkeit bietet die günstigsten Wachstumsbedingungen, wobei aber kurzzeitige Trockenheit auch vertragen wird. Staunässe und völlige Ballentrockenheit sind zu vermeiden.
Düngen: Wie alle fruchtenden Arten hat auch die Holzbirne einen relativ hohen Nährstoffbedarf. Nach der Blüte bis Mitte August wird regelmäßig organischer Kugeldünger gereicht. Im Winter nicht düngen!
Umtopfen: Alle zwei bis fünf Jahre mit einem Wurzelschnitt im späteren Frühjahr oder nach der Blüte. Eine Erdmischung aus Akadama und Humus 2:1 verwenden.
Schneiden: Nach der Blüte bis Mitte Juni können dickere Äste entfernt werden. Bei guter Wundversorgung schließen sich die Wunden relativ schnell. Junge Triebe lässt man auf acht bis zehn Blätter wachsen und schneidet dann auf zwei bis drei Blätter zurück. Die Folgetriebe werden bereits bei fünf bis sechs Blättern eingekürzt.
Drahten: Da das Holz der Holzbirne verhältnismäßig langsam wächst und daher auch sehr hart ist, kann man mehr als dreijährige Triebe meist nicht mehr gefahrlos drahten. Hier sollte man auf Spanndrähte für die Formkorrektur ausweichen. Jüngere Baumbereiche können gedrahtet werden, sobald sie auszuhärten beginnen. Der Draht kann dann problemlos vom Frühjahr bis zum Herbst angelegt bleiben.

Besonders schön ist die Wildbirne in Blüte.

STIELEICHE
Quercus robur

Die Stieleiche wird in der freien Natur ein mehr als 800 Jahre alter, mächtiger Baum mit breiter Krone und einer dicken, netzartiglängsrissigen, tief gefurchten, dunkelgrauen Borke. Die großen Endknospen sind dicht von mehreren Nebenknospen umgeben. Die Laubblätter sind ledrig dunkelgrün und haben an beiden Seiten fünf bis sechs rundliche Buchten mit zur Spitze gerichteten Lappen. Die Stieleiche hat im Gegensatz zur Traubeneiche (*Quercus petraea*) einen sehr kurzen Blattstiel und einen langen Fruchtstiel. Häufig werden die Blätter von Gallmilben befallen.
Aus den unscheinbaren, getrenntgeschlechtlichen Blüten entwickeln sich bis zum September/Oktober die im unteren Drittel von einem Fruchtbecher umgebenen Eicheln.

Standort: Vollsonnig, da an schattigen, feuchten Standorten die Blätter schnell von Mehltau befallen werden. Im Winter muss der Wurzelballen vor dem Durchfrieren geschützt werden, da er sehr empfindlich auf Frost reagiert.
Gießen: Für einen gleichmäßig feuchten, aber nicht zu nassen Wurzelballen das ganze Jahr über sorgen. Die Blätter sollten vor allem im Hochsommer nicht feucht werden, da sich sonst leicht Mehltau bildet.
Düngen: Große Düngemengen führen zu großen Blättern. Man gibt daher nur sparsam organischen Kugeldünger von Mai bis Mitte August. Im Winter nicht düngen!
Umtopfen: Alle zwei bis drei Jahre mit einem Wurzelschnitt im zeitigen Frühjahr oder im Herbst, wobei auf jeden Fall eine eventuell vorhandene Pfahlwurzel entfernt werden muss. Eine Erdmischung aus Akadama und Humus 4:1 verwenden.
Schneiden: Dickere Äste können im zeitigen Frühjahr entfernt werden. Wichtig ist, dass die Wunden gut mit einem Wundverschlussmittel abgedeckt werden. Junge Triebe lässt man bis auf sechs bis acht Blätter durchtreiben und kürzt sie dann auf zwei bis drei Blätter ein. Ein Blattschnitt ist alle zwei bis drei Jahre Ende Juni möglich. Grundsätzlich sollte ein Laubschnitt nicht jährlich durchgeführt werden, da das die Bäume nur unnötig schwächt.
Drahten: Nach dem Laubfall im Herbst können alle Baumteile gedrahtet werden. Normalerweise sollte der Draht zwei Jahre an dem betreffenden Baumteil verbleiben. Sollte der Draht sich vorher eindrücken, wird er entfernt und der Baumteil erneut eingedrahtet.

Eiche als Mehrfachstamm

SILBERWEIDE
Salix alba

Zur Gattung *Salix* gehören mehr als 300 schnellwüchsige, aber höchstens 200 Jahre alt werdende Arten.
Die Silberweide ist ein ausladend-breitkroniger Baum mit grauer, tiefrissiger, breitrippiger Borke. Junge Triebe sind sehr biegsam und glänzend gelbbraun. Die Laubblätter sind schmal-lanzettlich, mit kleinen Drüsen besetzt und am Rand gesägt. Auf der Oberseite sind sie grau- bis dunkelgrün. Die Blattunterseite ist graublau und silbrig behaart.
Die Blüten sind auf männliche und weibliche Bäume verteilt. Die männlichen Kätzchen stehen aufrecht und tragen gelbe Staubbeutel. Die weiblichen Kätzchen stehen gebogen aufrecht und tragen grünliche Fruchtknoten.
Die Silberweide bildet mit anderen Weidenarten häufig Bastarde.

Standort: Vollsonnig, im Hochsommer ist an heißen Tagen ein schattiger Standort hilfreich, da der Wurzelballen nicht trocken werden sollte. Im Winter muss der Wurzelballen vor dem Durchfrieren geschützt werden.
Gießen: Weiden lieben einen Boden mit gleichmäßiger Feuchtigkeit, sodass im Hochsommer vielleicht sogar zweimal täglich gegossen werden muss.
Düngen: Von Mitte Mai bis Ende August wird regelmäßig organischer Kugeldünger auf den Boden gelegt. Im Herbst sollten noch vorhandene Düngerreste entfernt werden. Im Winter nicht düngen!
Umtopfen: Alle ein bis zwei Jahre mit einem kräftigen Wurzelschnitt im zeitigen Frühjahr oder kurz vor dem Austrieb. Eine Erdmischung aus Akadama und Humus 2:1 verwenden.
Schneiden: Entfernt man im zeitigen Frühjahr dickere Äste, werden die Wunden gut mit einem Wundverschlussmittel abgedeckt. Da die Weide zu den Weichhölzern gehört, ist hier sonst eine Eintrittsstelle für holzzerstörende Organismen.
Man lässt den Austrieb auf acht bis zehn Blätter heranwachsen und kürzt ihn dann auf zwei bis drei Blätter ein. Bei der Gestaltung einer Kopfweide schneidet man den Stamm auf etwa die Hälfte der gewünschten Endhöhe zurück. Die aus den Wundrändern wachsenden Triebe lässt man auf zehn bis zwölf Blätter heranwachsen und schneidet dann auf drei bis vier Blätter zurück. Alle vier bis fünf Jahre werden alle Äste am Ansatz entfernt. Nach und nach entsteht so der typische „Kopf" durch das Wundgewebe.
Drahten: Gedrahtet wird im zeitigen Frühjahr. Der Draht wächst recht schnell ein.

Eine Weide in Trauerform

GEMEINE EIBE
Taxus baccata

Die Eibe wird selten bis zu 18 Meter hoch, hat im Alter eine gerundete, eiförmige oder sogar kugelige Krone. Häufig wächst sie mehrstämmig, wobei durch Verwachsung der Stämme zu einem Stamm ein interessant geformter Komplexstamm entsteht. Die Borke ist dünn, grau- oder rotbraun und löst sich in dünnen, großen Schuppen ab. Die Nadelblätter sind schraubig drehend und gescheitelt um den Zweig angeordnet, stechend, abgeflacht und biegsam-ledrig. Die Blätter haben eine Lebensdauer von drei bis acht Jahren. Die Geschlechter sind auf verschiedene Bäume verteilt. Aus den befruchteten, unscheinbaren weiblichen Blüten entwickeln sich bläulichbraune Samen, die von einem scharlachroten Samenmantel umgeben sind.

Standort: Vollsonnig, an heißen Hochsommertagen ist ein schattiger Standort hilfreich, da der Wasserbedarf sonst sehr hoch ist. Im Winter müssen der Wurzelballen vor dem Durchfrieren und die oberirdischen Baumteile vor Wind geschützt werden.
Gießen: Der tägliche Wasserbedarf ist recht hoch. Regelmäßig muss eine gleichmäßige Ballenfeuchtigkeit sichergestellt sein. Vor allem Ballentrockenheit, aber auch Staunässe bedeuten schnell den Verlust des ganzen Baumes.
Düngen: Vom Austriebsbeginn bis Mitte August regelmäßig mit organischem Dünger versorgen. Im Winter nicht düngen!
Umtopfen: Alle ein bis zwei Jahre im späteren Frühjahr oder kurz vor dem Austrieb mit einem Wurzelschnitt. Eine Erdmischung aus Akadama und Humus 3:1 verwenden.

Schneiden: Eiben wachsen relativ langsam, vertragen aber auch einen stärkeren Rückschnitt sehr gut, da sie auch an altem Holz willig neu austreiben. Entfernt man dickere Äste, ist mit dem Austrieb junger Triebe in diesem Bereich zu rechnen. Die Wunden nach dem Entfernen älterer Äste wachsen selbst bei guter Wundversorgung nur langsam zu. Junge Triebe, die senkrecht nach oben wachsen, werden an einem gestalteten Bonsai sofort entfernt. Waagerecht wachsende Triebe schneidet man bei 6 bis 8 Zentimeter Länge um zwei Drittel zurück.
Drahten: Alle Baumteile sind ganzjährig drahtbar. Schon nach ein bis zwei Vegetationsperioden haben sich die korrigierten Äste und Zweige in der neuen Stellung stabilisiert. Die weitere Gestaltung kann danach allein durch den Rückschnitt erfolgen.

Eine alte Eibe mit starkem Stamm in gelehnter Form

WINTERLINDE
Tilia cordata

In vielen deutschen Regionen findet man Linden als Alleebäume oder im Ortsmittelpunkt.
Der große Baum bildet mit seinen kräftigen Ästen und der sehr feinen Verzweigung eine dichte und ausladende Krone aus. Ältere Stämme haben eine längs gefurchte, dicht gerippte, schwärzlichgraue Borke. Die grünen bis rötlichen Schuppen der Endknospen bilden hierzu im Winter einen schönen Kontrast. Die relativ kleinen, schief herzförmigen, gleichmäßig gesägten, hell- bis mittelgrünen Blätter laufen in eine feine Spitze aus. Aus den zwittrigen Blüten im Juni/Juli entwickeln sich bis September behaarte, dünnschalige, einsamige Nüsschen mit einem 8 bis 10 Zentimeter langen Flügel. Die einzelnen Blütenstände bestehen aus vier bis zehn Blüten.

Standort: Vollsonnig bis halbschattig. Im Winter müssen ab –5 °C der Wurzelballen vor dem Durchfrieren und die oberirdischen Baumteile vor Wind geschützt werden.
Gießen: Wann immer möglich, sollte mit sauberem Regenwasser gegossen werden, da die Linden auf höhere Salzkonzentrationen mit Braunwerden der Blätter reagieren. Staunässe und Ballentrockenheit sind zu vermeiden.
Düngen: Vom Austrieb bis Anfang August mit organischem Kugeldünger düngen. Im August unterstützt eine kalibetonte, stickstoffarme Düngung eine bessere Frostaushärtung. Im Winter nicht düngen!
Umtopfen: Alle zwei bis drei Jahre im späteren Frühjahr oder kurz vor dem Austrieb mit einem Wurzelschnitt. Eine Erdmischung aus Akadama und Humus 3:2 verwenden.
Schneiden: Linden neigen zu Stockausschlägen im Bereich des Wurzelhalses. Solche Triebe sollten bereits im Entstehen entfernt werden. Dickere Äste können während des Austriebs oder im Hochsommer entfernt werden, die Wunden sollten allerdings gut mit einem Wundverschlussmittel versorgt werden. Junge Triebe lässt man auf sechs bis acht Blätter heranwachsen und schneidet dann auf zwei bis drei Blätter zurück. Schon nach wenigen Wochen erfolgt nach jedem Rückschnitt ein erneuter Austrieb, der ebenso behandelt wird.
Drahten: Linden sollten sehr vorsichtig gedrahtet werden. Man kann kurz vor dem Austrieb alle Baumteile gut mit Draht formen. Vor allem im Hochsommer wächst der Draht schnell ein und muss dann entfernt werden.

Eine Linde in streng aufrechter Form gestaltet

FELDULME
Ulmus carpinifolia

Die Feldulme ist ein häufig reich verzweigter, bis 40 Meter hoher Baum mit gefelderter, längsrissiger, grauer bis graubrauner, dicker Borke. Jüngere Bäume haben eine rotbraun glänzende Rinde, die erst später längsrissig und graubraun wird. Die Blätter der Feldulme sind sehr variabel in Form und Größe, wobei man die arttypischen, am Blattstiel asymmetrischen Blätter im Kronenbereich bzw. in den blühenden Baumregionen findet. Sie sind oberseits dunkelgrün, auf der Blattunterseite heller und mit bräunlichen Achselbärten versehen.

Die Blüten erscheinen vor den Blättern und bilden dann Stände aus 15 bis 30 Blüten. Am auffälligsten sind dabei die rötlichbraunen Staubbeutel. Die geflügelten Samenkörner sind im Mai/Juni herangereift.

Standort: Vollsonnig, da die Feldulme zu den Lichtbäumen gehört. Der Wurzelballen sollte ab −5 °C gegen Durchfrieren geschützt werden. Nur bei zu erwartenden strengeren Frösten sollte man die oberirdischen Teile zusätzlich mit Fichtenreisern abdecken.

Gießen: Im Prinzip ist eine gleichmäßige Bodenfeuchtigkeit anzustreben, wobei eine kurzzeitige Trockenheit aber auch nicht übel genommen wird. Staunässe und völlige Ballentrockenheit sind zu vermeiden.

Düngen: Der Nährstoffbedarf ist relativ hoch. Vom Austrieb bis Mitte August sollte regelmäßig mit organischem Kugeldünger versorgt werden. Zur besseren Aushärtung für den Winter kann Ende August eine kalibetonte Düngung angeschlossen werden. Im Winter nicht düngen!

Umtopfen: Alle zwei Jahre mit einem Wurzelschnitt im späteren Frühjahr oder kurz vor dem Austrieb. Eine Erdmischung aus Akadama und Humus 2:1 verwenden.

Schneiden: Dickere Äste werden im Frühjahr vor dem Austrieb entfernt und anschließend die Wunden gut versorgt. Junge Triebe lässt man auf zehn bis zwölf Blätter heranwachsen und schneidet dann auf zwei bis drei Blätter zurück. Der Folgeaustrieb wird bereits bei sechs bis acht Blättern eingekürzt.

Drahten: Durch einwachsenden Draht entstandene Narben sind häufig noch viele Jahre zu sehen. Deshalb sollten eingedrahtete Baumteile immer gut beobachtet werden und der Draht bei den ersten Anzeichen für ein Einwachsen entfernt werden. Ansonsten lassen sich Bäume, deren Äste bereits die richtige Stellung haben, allein durch den Schnitt gut formen.

Langsam entwickelt sich bei der Feldulme die Rinde.

Streng aufrecht gestaltete Eibe mit gut ausgeformten Astetagen

Pflege, Werkzeug und Gestaltung

Mit Umsicht Bonsai pflegen und formen

Ein gut gepflegter Bonsai kann als ein lebender „Stammbaum" bei richtiger Pflege und Formerhaltung mehrere Generationen überdauern. Alles, was dafür nötig ist, erfahren Sie hier.

DER RICHTIGE STANDORT

Alle bei uns heimischen Bäume sind Freiland-Bonsai. Sie werden das ganze Jahr über im Garten, auf der Terrasse oder auf dem Balkon gepflegt. Bis auf wenige Tage während der Wachstumszeit dürfen sie nicht im Zimmer stehen. Auf keinen Fall aber dürfen sie im Winter in geheizten Räumen aufgestellt werden.

Während der Wachstumszeit ist ein heller, luftiger Standort für ihre Entwicklung ideal. Die Stellflächen sollten so ausgewählt werden, dass überschüssiges Gießwasser ungehindert abfließen kann. Aus einzelnen Brettern mit Zwischenräumen zusammengebaute Regale bieten diese Voraussetzung. Sehr ungünstig sind alle Stellflächen mit glatten Oberflächen, da hier das aus den Abflußlöchern im Schalenboden auslaufende Wasser nicht abfließen kann. Das kann zu Staunässe führen.

GUTES ÜBERWINTERN

Ein richtig gepflegter, gesunder Freiland-Bonsai übersteht nach einer guten Aushärtung im Herbst sehr tiefe Temperaturen. Die oberirdischen Baumteile vertragen an einem windgeschützten Standort Temperaturen bis −20 °C problemlos. Lediglich der Wurzelballen sollte nicht mehrere Tage lang durchgefroren sein. Da die oberirdischen Teile weiterhin Wasser verdunsten, dieses durch die eingefrorenen Wurzeln aber nicht nachgeliefert werden kann, kommt es zu Frosttrocknis, d. h., Baumteile trocknen langsam aus.

Mit einer mit Wasserabzuglöchern versehenen Holzkiste, die mit Rinden- oder Nadelstreu befüllt ist, können wir eine Überwinterungsstation schaffen. In die feuchte Rindenstreu werden die Bonsai mit oder ohne Schale bis kurz über den Wurzelhals eingesenkt. Normalerweise wird die Streu

Mit der Bonsai-Schere werden feine Triebe geschnitten.

Mit der Konkavzange schneidet man dickere Äste.

Die Gießkanne für Bonsai sollte einen feinen Brausekopf haben, damit die Wassertropfen fein verteilt werden.

nicht durchfrieren und durch ihre Feuchtigkeit die Bonsai mit Wasser versorgen.

BONSAI RICHTIG ERNÄHREN

Wie oft ein Bonsai gegossen und gedüngt werden muss, hängt von der Baumart, der Temperatur, der Jahreszeit, dem Standort und nicht zuletzt von der Größe des Bonsai ab.
So benötigen Weiden oder Erlen an manchen Tagen mehrmals Wasser, während Kiefern bei trüben Witterungslagen vielleicht mehrere Tage nicht gegossen werden müssen. Werden bei Laubbäumen die Blätter schlapp, muss auf jeden Fall gegossen werden. Man kann sagen, dass die meisten Pflanzen eher zu viel gegossen werden, als dass sie vertrocknen.

Wasser optimal dosieren
Die im Pflanzenteil angegebenen Erdmischungen enthalten immer einen Anteil Akadama-Erde. Die Akadama-Erde ist im feuchten Zustand deutlich dunkler als im trockenen Zustand. Wenn die Erde hell wird, ist der richtige Zeitpunkt zum Gießen.
Zum Wässern verwendet man möglichst sauberes Regenwasser. Leitungswasser ab Härtegrad 2 hat einen höheren Salzanteil und führt mit der Zeit zu unschönen Kalkausblühungen am Schalenrand und auf der Erdoberfläche. Zusätzlich verändert es auch den pH-Wert des Bodens, was wiederum die Aufnahme von Dünger behindert.
Mit einer langhalsigen Gießkanne und einem feinen Brausekopf wird beim Gießen das Wasser in feine Tröpfchen verteilt und kann so wie ein milder Sommerregen langsam ins Erdreich eindringen. Es wird so lange gegossen, bis Wasser aus den Wasserabzuglöchern auszufließen beginnt. Achten Sie darauf, dass überschüssiges Gießwasser immer ungehindert abfließt.

Dünger für die Gesundheit

Freiland-Bonsai dürfen im Winter auf keinen Fall gedüngt werden. Achten Sie auch darauf, dass Sie die Empfehlungen für den Düngezeitraum in den Pflanzenporträts möglichst genau einhalten. Düngt man noch zu spät im Herbst, härten die Bäume nicht richtig aus und sterben eventuell im Winter ab.

Pflanzen können Dünger nur in Form von Nährsalzen aufnehmen. Entsprechend müssen japanische Düngekugeln erst durch die Bodenorganismen aufgeschlossen werden. Die aus organischem Dünger freigesetzten Nährsalze wirken daher mit deutlicher zeitlicher Verzögerung auf die Pflanzen. Legen Sie je nach Nährstoffbedarf der einzelnen Baumarten mehrere Düngekugeln auf die Erdoberfläche und gießen Sie anschließend gut an. Nach zwei bis drei Wochen sind die vorhandenen Nährstoffe aufgebraucht und die Düngekugelreste werden entfernt. Nun werden an anderen Stellen neue Düngekugeln aufgelegt. Bis zum Ende der jeweiligen Düngeperiode wird gleich verfahren.

Bei anorganischen Düngern wie Blumendünger besteht leicht die Gefahr der Überdosierung. Dann können die Wurzeln verbrannt werden.

Dennoch können manchmal anorganische Flüssigdünger sehr hilfreich sein. Zeigt ein Baum Mangelerscheinungen, wie Hellwerden der Blätter mit gleichzeitig grünen Blattadern, gleichen solche Dünger den Mangel sehr schnell aus. Grundsätzlich sollten Sie sich an die Dosierungsempfehlung auf der Packung halten. Wichtig ist, dass solche Dünger niemals auf trockenen Boden aufgebracht werden dürfen. Die Erde muss bei Düngergabe gut feucht sein.

Hüfthohe Bänke erleichtern die täglichen Pflegearbeiten an den Bonsai.

Um die Form zu verbessern, werden alle die Form störenden (weißen) Äste und Zweige entfernt.

MIT DRAHT DIE TRIEBE LEITEN

Will man mit einem relativ jungen Baum einen reifen, alten Baum darstellen, müssen seine Äste meist in der Form verändert werden. Während bei jungen Bäumen die Äste aufwärts streben, sind die Äste bei alten Bäumen abwärts geneigt. Traditionell geschieht in der Bonsai-Kunst diese Formkorrektur mit Hilfe von Draht. Meist verwendet man heute verkupferten Aluminiumdraht in verschiedenen Stärken.

Das Eindrahten

Bei der Auswahl der richtigen Drahtstärke gilt die Faustregel: Der Draht sollte etwas mehr Festigkeit haben als der einzudrahtende Baumteil.
Zum Zurechtschneiden des Drahtes und zum späteren Entfernen des Drahtes brauchen wir eine Drahtzange. Ähnlich wie bei einem Seitenschneider greifen bei diesem Werkzeug die Schneidbacken aufeinander zu. Durch die langen Griffe gibt die Hebelwirkung genügend Kraft für das Durchkneifen selbst dicker Drähte.

Will man einen Baum vollständig eindrahten, werden zunächst der Stamm, anschließend die Äste und zuletzt die Zweige mit Draht geformt.
Natürlich drahtet man nur die Baumteile ein, die in ihrer Form korrigiert werden müssen.

Folgende Regeln sind beim Eindrahten zu beachten:

▶ Bei einer Stammdrahtung wird das eine Drahtende in einem Winkel von 45 Grad auf der Rückseite des Stammes zur Verankerung in die Erde gesteckt.

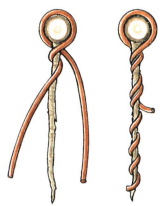

Ohne Gegenast wird der Draht um den Stamm und dann parallel geführt.

▶ Während man mit der einen Hand den Draht fixiert, wird er mit der anderen Hand im 45-Grad-Winkel um den Stamm gewunden.
▶ Der Draht sollte zwar dem Baumteil anliegen, darf aber nicht in die Rinde einschneiden.
▶ Sollen Äste und Zweige eingedrahtet werden, erhalten nach Möglichkeit zwei gleich starke Äste oder Zweige einen gemeinsamen Draht. Beim Übergang von einem Ast oder Zweig zum anderen sollte mindestens eine Drahtwindung um den Stamm oder Ast geführt werden.
▶ Werden mehrere Drähte um einen Baumteil gelegt, müssen die Drähte parallel zueinander, eng einander anliegend geführt werden und dürfen sich nicht überkreuzen.

▶ Der Draht sollte auf der Außenseite der beabsichtigten Biegung liegen. Nur so kann er ausreichend viel Druck auf die Biegung ausüben.
▶ Beim Biegen des Baumteiles arbeitet man mit beiden Händen. Der Daumen der einen Hand liegt auf der Innenseite der Biegung, während die andere Hand die Biegung ausführt.

Nun lässt man dem Baum ausreichend Zeit die Formkorrektur durch neues Holzwachstum zu stabilisieren. Spätestens dann, wenn der Draht in die Rinde einzudrücken beginnt, muss er wieder entfernt werden. Sollte der Baumteil wieder

Gleich dicke Äste und Zweige werden mit einem gemeinsamen Draht geformt.

in seine vorherige Form zurückkehren, muss neu gedrahtet werden.

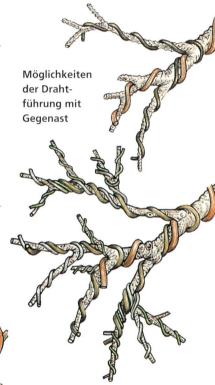

Möglichkeiten der Drahtführung mit Gegenast

Das Entdrahten

Beim Entfernen des Drahtes arbeitet man sich von oben nach unten und von außen nach innen durch den Baum. Mit der Drahtzange werden die Drähte vorsichtig Windung für Windung durchgekniffen, bis sie herunterfallen. Auf keinen Fall versuchen, den Draht abzuwickeln!

DAS RICHTIGE BONSAI-WERKZEUG

Für den Anfang benötigen Sie eine oder mehrere Bonsai-Scheren für feinere und gröbere Schnittmaßnahmen. Mit Bonsai-Scheren lassen sich saubere Schnitte durchführen, ohne dass das Pflanzengewebe ausfranst. Mit der normalen Bonsai-Schere können mittelstarke Triebe geschnitten werden. Die schlanke Bonsai-Schere ist zum Einkürzen feinerer Triebe, vor allem im Kroneninnern geeignet.

Mit der richtigen Schnittführung geben wir vor, wohin der nächstfolgende Trieb wachsen wird. Das geht so: In jeder Blattachsel entwickelt sich eine Knospe. Diese zeigt in die Richtung, in die der Neuaustrieb wachsen wird. Zur Verlängerung des Zweiges zum Beispiel wählen wir bevorzugt Knospen aus, die auf der Unterseite des Zweiges stehen. Die hier austreibenden Zweige verlängern den Ast viel natürlicher als neue Zweige, die sich auf der Oberseite des Astes entwickeln.

Um eine stärkere Verzweigung zu erzielen, wählen wir Knospen aus, die seitwärts gerichtet sind.

Für dickere Äste die Konkavzange verwenden

Beim Entfernen dickerer Äste entstehen größere Wunden. Mit den verschiedenen Konkavzangen können wir die anschließende Wundverheilung günstig beeinflussen und so dafür sorgen, dass sich das Wundgewebe später gut in das Stammbild integriert.

Werkzeuge für den Anfang, von links: große Bonsai-Schere, Drahtzange, schlanke Bonsai-Schere, verkupferter Aluminiumdraht

Die Kneifbacken der Konkavzangen ergeben keinen geradflächigen Schnitt, sondern er ist leicht nach innen gewölbt und greift also etwas stärker in das Holz des Stammes hinein (Abbildung siehe Seite 43).

Das anschließend von den Seiten her die Wunde überwallende Wundgewebe ist etwas dicker als bei normalem Wachstum. Durch die leichte Einwölbung der

Die scharfen Schneidbacken der Bonsai-Schere sind so geformt, dass sie einen glatten, gut verheilenden Schnitt am Zweig hinterlassen.

Der triebkürzende Schnitt sollte immer 1 bis 2 Zentimeter oberhalb einer Achselknospe erfolgen, da das Zweigstück häufig zurücktrocknet.

Wunde ins Holz haben wir mit der Konkavzange genügend Raum für dieses stärkere Wachstum geschaffen. Nach einiger Zeit integriert sich das Wundgewebe ohne Aufwallung in den Stamm oder Ast.

DER BLATTSCHNITT

Wie schon in den Pflanzenporträts beschrieben, haben die Blätter von Laubbäumen eine gewisse Variabilität in der Größe. Da wir bei Bonsai das verkleinerte Abbild eines großen Baumes in der freien Natur nachempfinden wollen, sollten die Blätter möglichst klein sein. Häufig werden die Blätter schon durch die pflegerischen Maßnahmen verkleinert, manchmal müssen wir den Baum aber hierbei unterstützen.

Alle zwei bis drei Jahre können wir bei Laubbäumen einen Blattschnitt durchführen. Dazu müssen die Bäume gesund sein und dürfen nicht von Schädlingen befallen sein.

Sobald die Blätter ausgehärtet und in den Blattachseln kleine Knospen erkennbar sind, dürfen die Blätter entfernt werden.

Dazu schneidet man die Blattflächen am Übergang zum Blattstiel ab, belässt aber die Blattstiele am Baum. Nach wenigen Tagen trocknen die Blattstiele ein und fallen ab. Zwei bis drei Wochen später wachsen aus den Knospen neue Triebe mit meist kleineren Blättern. Kurz vor dem Blattschnitt und während sich die neuen Blätter bilden, sollten keine Düngergaben verabreicht werden. Denn vor allem stickstoffreiche Dünger regen die Wuchskraft an und die neuen Blätter sind möglicherweise noch größer als die alten.

Alle glattborkigen Bäume sollten zum Schutz gegen Sonnenbrand im laublosen Zustand nicht in der prallen Sommersonne stehen. Ein möglichst heller, aber leicht schattierter Standort ist am günstigsten. Ist der Standort zu dunkel, werden die Blätter durch den Lichtmangel auch wieder zu groß.

Bei einem Blattschnitt wird das Blatt so beschnitten, dass der Blattstiel stehen bleibt. Der trockene Blattstiel fällt bald ab.

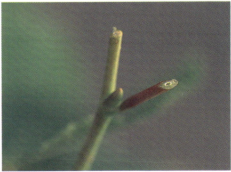

Zwischen dem Blattstiel und dem Zweig hat sich eine Knospe gebildet, woraus der Zweitaustrieb mit häufig kleineren Blättern erfolgt.

Mit der Konkavzange werden auch alte Aststümpfe entfernt. Solche Aststümpfe sind Einlasstore für holzzerstörende Organismen.

DIE WUNDHEILUNG FÖRDERN

Bäume und Sträucher verfügen über ein überaus großes Regenerationsvermögen. Von einer gesunden Holzpflanze werden Wunden problemlos verheilt, indem die Kambiumzellen des Wundrandes ein spezielles Gewebe hervorbringen, den Wundkallus. Das Kallusgewebe wächst von den Wundrändern her langsam über die Wunde, bis es in der Mitte zusammenstößt. Bei großen Wunden kann dieser Vorgang viele Jahre dauern. Ist die Wundheilung schließlich abgeschlossen, kann man zwar die Narbe noch lange sehen, der Schutz gegen äußere Angriffe ist aber vollständig wieder hergestellt.

Gut erkennbar ist das morsche Holz im Zentrum und die noch unschönen Narbenwülste um den ehemaligen Aststumpf.

Das ist auch wichtig, denn der Holzkörper besteht aus toten Zellen. Bei größeren Wunden ist er äußeren Einflüssen schutzlos ausgeliefert. So kann sich die Wunde durch Eintrocknen von Wundrandzellen vergrößern oder holzzerstörende Krankheitserreger können eindringen.
Um das zu verhindern, sollten alle Schnittstellen, die mehr als bleistiftdick sind, mit einem Wundverschlussmittel abgedeckt werden. Die in Gartencentern erhältlichen Wundpasten bieten

Mit einem Stechbeitel werden das Holz und die Wundränder sorgsam geglättet. Das Wundzentrum sollte leicht eingesenkt sein.

zwar einen ausreichend guten Schutz, hinterlassen aber an den Bonsai häufig jahrelang unschöne Reste. Das beste Wundverschlussmittel für Bonsai ist eine spezielle Knetmasse aus Japan. Diese Knetmasse können Sie in jedem gut sortierten Bonsai-Fachgeschäft erwerben. Hier einige Vorzüge dieses Wundverschlussmittels:

▶ Die Masse bleibt relativ lange elastisch und deckt deshalb auch den sich aufwölbenden Wundkallus weiterhin ab.
▶ Ihre spezielle Zusammensetzung fördert die Bildung von Wundkalluszellen und lässt die Wunde schneller zuheilen.
▶ Sobald die Wunde verschlossen ist, trocknet auch die japanische Knetmasse ein und fällt rückstandsfrei ab oder lässt sich vorsichtig abnehmen.

Die Anwendung der japanischen Wundknetmasse ist denkbar einfach. Mit angefeuchteten Fingerspitzen entnimmt man eine kleine Portion, formt daraus eine kleine Kugel, die dann auf die Wunde gedrückt wird. Die Masse wird nun so weit auseinander gedrückt, bis sie leicht über die Wundränder hinausreicht.

Nun kann der Baum ungestört die Wunde unter dem „Pflaster" verschließen.

Von der Seite kann man sehen, wie die Wunde nun aussieht. Bei der Wundverheilung integriert sich dieser Teil in den Holzzylinder.

Die Kugel aus japanischer Wundknetmasse wird mit angefeuchteten Fingerspitzen auf die Wunde gedrückt.

Mit den feuchten Fingerkuppen wird die Wundknetmasse glattgedrückt. Wichtig ist, dass die Knetmasse über die Wundränder hinausreicht.

BONSAI RICHTIG UMTOPFEN

Sobald die Wurzeln einer Pflanze keinen weiteren Raum für neues Wachstum mehr haben, stellt sie auch ihr oberirdisches Wachstum ein und stirbt schließlich ab. Bei einem Bonsai ist das nicht anders. Durch die Schale ist der Wurzelraum begrenzt. Bei einer normalen Topfpflanze würden Sie durch Umtopfen in den nächstgrößeren Blumentopf für neuen Wurzelraum sorgen. Bei Bonsai hingegen bilden Baum und Schale eine Einheit wie ein Bild mit seinem Rahmen. Entsprechend müssen wir hier auf andere Weise für neuen Wurzelraum sorgen. Das geschieht durch einen Wurzelschnitt.

Der Wurzelschnitt

Normalerweise ist der Bonsai mit den durch die Wasserabzuglöcher führenden Bonsai-Drähten in der Schale fixiert. Als Erstes werden diese Fixierungsdrähte mit der Drahtzange durchgekniffen (Bild ①).
Wird der Bonsai nun vorsichtig aus der Schale gehoben, sieht man den kompakten Wurzelballen (Bild ②). Mit einer Wurzelkralle lockert man vorsichtig den Wurzelfilz (Bild ③). Langsam arbeitet man sich von den Außenkanten des Wurzelballens nach innen. Nach einiger Zeit hängen lange Wurzelbärte herab, die mit einer Bonsai-Schere zurückgeschnitten werden. Je nach Baumart führt man einen mäßigen (ein Drittel der Wurzelmasse wird entfernt) bis starken (etwas mehr als die Hälfte der Wurzelmasse) Wurzelschnitt durch. Mit einem Holzstäbchen arbeitet man den Wurzelhals frei (Bild ④) und schneidet oberhalb der sternförmig auseinander strebenden, dickeren Wurzeln die anderen Wurzeln ab (Bild ⑤). Nun kann man den Wurzelhals und den reduzierten Wurzelballen gut sehen (Bild ⑥). Auch auf die hierbei entstandenen größeren Wunden trägt man die Wundknetmasse auf (Bild ⑦).
Die Schale ist inzwischen

gesäubert und über den Wasserabzuglöchern werden kleine Kunststoffnetze mit Bonsai-Draht befestigt. Damit der Baum mit seinem reduzierten Wurzelballen nach dem Umtopfen einen sicheren Halt in der Schale hat, wird ein Fixierungsdraht von unten durch die Schalenlöcher geführt (Bild ⑧).
Ein Hügel aus groberer Bonsai-Erde wird als Drainage in die Schale gefüllt (Bild ⑨). Der Hügel sollte so hoch sein, dass von vorne betrachtet der Wurzelhals knapp oberhalb der Schalenkante zu sehen ist. Auf diesen Hügel setzt man den Wurzelballen mit leicht drehenden Bewegungen auf und legt den Fixierungsdraht über den Wurzelballen (Bild ⑩), dessen Enden fest miteinander verdreht werden.
Die trockene Bonsai-Erde wird eingefüllt und mit einem Holzstäbchen zwischen die Wurzeln gestochert (Bild ⑪). Wichtig ist dabei, dass alle Hohlräume im Wurzelballen mit Erde ausgefüllt sind und alle Wurzeln damit direkten Kontakt zu den Erdteilchen bekommen. Nicht aufgefüllte Hohlräume sind ein Herd für Wurzelfäule.
Zum Schluss wird feine Deckerde aufgelegt (Bild ⑫), die Oberfläche glatt gestrichen und der Bonsai gut angegossen. Es muss so lange gegossen werden, bis überschüssiges Gießwasser durch die Abzuglöcher ausfließt. Zum besseren Aussehen und als zusätzlicher Feuchtigkeitsspeicher können flache Moospolster auf die Erdoberfläche aufgelegt werden. Geeignetes Moos findet man an sonnigen Stellen, zum Beispiel auf großen Steinen. Ungeeignet ist hingegen im Wald gesammeltes Moos, weil diese Moosarten nur im feuchten Schatten wachsen können.
In den nächsten vier Wochen wird der Bonsai wind- und sonnengeschützt aufgestellt und nicht gedüngt. Sobald neues oberirdisches Wachstum deutlich erkennbar ist, wird der Bonsai an seinen gewohnten Standort gestellt und kann auch wieder gedüngt werden.

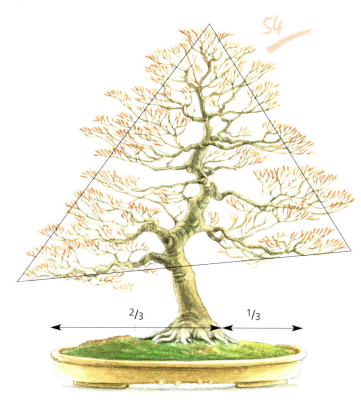

Die Spitzen von Hauptast (links), zweitem Ast (rechts) und Baumspitze bilden die Eckpunkte eines ungleichschenkligen Dreiecks. Der Baum wird etwa ein Drittel von einem Schalenrand entfernt in der Schale plaziert.

Zwei Beispiele

Eigene Bonsai gestalten

Sie haben in einem Gartencenter, einer Baumschule, in der freien Natur oder im eigenen Garten einen gedrungenen Baum gefunden, der sich vielleicht für eine Gestaltung zum Bonsai eignet. Wie's geht, steht hier.

Ob der Baum aus der Baumschule oder dem Garten sich tatsächlich zum Bonsai eignet, lässt sich nach folgenden Kriterien entscheiden:
1. Der kleine Baum hat einen durchgehenden, sich harmonisch verjüngenden Stamm.
2. Muss der Stamm eingekürzt werden, sollte er in der beabsichtigten Höhe einen Ast tragen, den man durch Drahten zur neuen Stammspitze umleiten kann.
3. Meist unter der Erdoberfläche verborgen liegen die Wurzeln. Der Baum sollte in einer Höhe gleichmäßig vor allem zu beiden Seiten und nach hinten wegstrebende dickere Wurzelansätze haben. Hieraus wird der spätere Stammfuß bzw. Wurzelhals geformt. Ein gut geformter Stammfuß ist eine notwendige Voraussetzung für einen Bonsai, da ein Baum ohne einen sichtbaren Wurzelhals eher wie ein in die Erde gesteckter Stab aussieht.
4. Nach etwa einem Drittel der Stammhöhe vom Wurzelhals aus gerechnet sollte sich ein Ast befinden, der sich als Hauptast eignet. Sollte der Ast zu steil nach oben wachsen, muss er noch biegbar sein. Mit Hilfe von Bonsai-Draht kann er so in die gewünschte Form gebracht werden.

5. Die darüber liegenden zwei Drittel des Stammes sollten viele Äste und Zweige tragen, damit man die für die weitere Gestaltung notwendigen Äste auswählen kann. Die für die Gestaltung wichtigen Äste sollten von unten nach oben weniger dick und lang sein bzw. geeignet einzukürzen sein. Auch bei diesen muss häufig die Form durch eine Drahtung überarbeitet werden.

6. Mit dem Hauptast, dem zweiten Ast und der Baumspitze muss man die Eckpunkte eines ungleichschenkligen Dreiecks festlegen können (siehe Abbildung auf Seite 54).

GESTALTUNG EINES BONSAI

Sind diese Voraussetzungen erfüllt, kann man sich an die Gestaltungsarbeit machen.
Vielfach ist es nach der Grundgestaltung sinnvoll, den Baum noch für einige Jahre in einem normalen Anzuchttopf zu belassen. Hier kann der Baum sich von den Strapazen der Gestaltung erholen und wird schneller neuen Zuwachs zeigen. Vielfach mussten bei der Erstgestaltung recht viele Äste und Zweige entfernt werden. In dem Anzuchtgefäß werden die Äste schneller an Dicke zunehmen und der Baum Wunden in kürzerer Zeit zuheilen können.

UMTOPFEN DES BONSAI

Irgendwann kommt aber der Zeitpunkt des Umtopfens in die geeignete Bonsai-Schale. Dabei wird der Baum nicht genau in die Mitte der Schale gepflanzt (Ausnahme bei Kaskaden), sondern etwa ein Drittel von einem Schalenrand entfernt und kurz hinter der Mittellinie der Schale eingesetzt.

DIE RICHTIGE SCHALE

Die richtige Schale zu finden ist vielfach gar nicht so einfach.

Hier einige Auswahlkriterien für die Schale:
▶ Die Form der Schale wird durch die Gestalt des Baumes vorgegeben. Ovale und rechteckige Schalen eignen sich für die frei aufrechte Form, die streng aufrechte Form, die gelehnte Form und die daraus abgeleiteten Formen. Solche Schalen eignen sich auch für Wälder und Mehrfachstämme. Quadratische und runde Schalen eignen sich für Kaskaden.
▶ Laubbäume brauchen optisch leichte, feminine Schalen, während Nadelbäume optisch schwere, maskuline Schalen benötigen.
▶ Die Schalenrandhöhe ent-

Rotbuche in frei aufrechter Form mit beginnender Herbstfärbung

spricht der Dicke des Stammes. Die Breite der Schale errechnet sich aus zwei Dritteln der Baumhöhe.
▶ Die Farbe der Schale, ob glasiert oder unglasiert, sollte sich entweder in einem Baumteil wiederfinden oder als Komplementärfarbe gewählt werden.

GESTALTUNGSBEISPIELE

Die Bäume für die folgenden Gestaltungsbeispiele stammen aus einer speziellen Bonsai-Baumschule. Der Gärtnermeister Herrman Pieper zieht in seiner Bonsai-Schule Enger in Westfalen vorwiegend einheimische Baumarten so heran, dass sie sich besonders gut als Roh-Bonsai eignen.

GESTALTUNG EINER FREI AUFRECHTEN FORM

Der Roh-Bonsai ist eine etwa zehnjährige Europäische Hainbuche und etwa 30 Zentimeter hoch.
Bevor die eigentliche Gestaltungsarbeit beginnt, betrachtet man den Baum von allen Seiten und legt dann die Vorderseite fest. Die Festlegung der Vorderseite richtet sich nach der Stammlinienführung, der Stellung des Hauptastes und dem Wurzelhals.

Die Stammlinienführung sollte harmonisch und gut erkennbar sein. Der Hauptast zeigt zu einer der beiden Seiten. Kräftige Wurzeln zu beiden Seiten und nach hinten kennzeichnen den Wurzelhals. Keine dicke Wurzel zeigt direkt nach vorne.
In unserem konkreten Beispiel sieht man, dass der Stamm sich in einer bestimmten Höhe in zwei Stämme aufteilt. Die linke Stammverlängerung ist harmonischer, also wird die rechte Stammverlängerung entfernt.
Gleichzeitig bietet sich in einem Drittel der Stammhöhe ein Ast auf der rechten Seite als Hauptast an. Aus der Vielzahl der verbliebenen Äste werden nun diejenigen ausgewählt, die dem Verzweigungsschema einer frei aufrechten Form am besten entsprechen (siehe Seite 16). Alle anderen Äste und Zweige werden entfernt. Da der Baum sich in der Folgezeit noch stärker verzweigen soll, wird dieser zukünftige Zuwachs beim Beschneiden der Äste und Zweige berücksichtigt. Man kürzt also etwas stärker ein. Einige Äste müssen zusätzlich durch Draht in ihrer Form korrigiert werden.
Ist die Formgebung der oberirdischen Baumteile zufriedenstellend abgeschlos-

Zunächst wird die Vorderseite des späteren Bonsai festgestellt und markiert.

Der rechte dicke Ast wird herausgeschnitten und die Gesamtastzahl reduziert.

Mit der Konkavzange werden größere Schnitte nachgearbeitet.

sen, wird der Wurzelballen zum Einpflanzen in die Bonsai-Schale vorbereitet.
Je nachdem wie umfangreich die Reduktion der oberirdischen Baumteile war, wird zwischen einem Drittel und der Hälfte der Wurzelmasse entfernt. Dabei muss der Wurzelballen wegen der Form der Bonsai-Schale vor allem flacher werden.

Die hier ausgewählte Schale ist etwas tiefer, als es eigentlich für die Form des Baumes erforderlich wäre. Dennoch ist die Auswahl der Schale sinnvoll, weil der Baum sich mit mehr Erdvolumen besser von der Erstgestaltung erholen kann. In ein bis zwei Jahren kann er dann in eine flachere und etwas breitere Schale umgepflanzt werden.

Nach dem Einsetzen in die Schale werden flache Moospolster aufgelegt und der Bonsai gut angegossen.

Einzelne Äste und Zweige sind mit Draht in der Form korrigiert worden.

1. Die Bäume für den Wald werden zusammengestellt und ihre Wirkung geprüft.

EIN WALD WIRD GESTALTET

Mit der Gestaltung eines Waldes hat gerade der Bonsai-Neuling recht schnell einen vorzeigbaren Erfolg. Die Anforderungen an die Gestaltungstechniken sind nicht ganz so hoch wie bei einem Einzelbonsai.

Vorbereitende Arbeiten
Sie benötigen:
▶ eine flache, großflächige Schale oder ein entsprechendes Pflanztablett;
▶ eine ungerade Anzahl von Bäumchen unterschiedlicher Stammstärke und Wuchshöhe;
▶ mindestens einen Baum mit recht dickem Stamm; in der späteren Gestaltung ist er der Hauptbaum und sollte besonders sorgfältig ausgewählt werden;
▶ untergeordnete Bäume in Abstufungen bezüglich der Stammdicke und Höhe;
▶ einige kleine Bäume für den Hintergrund; sie sollen der Waldpflanzung Tiefenwirkung geben.

Die eigentliche Gestaltung
Zunächst stellt man die Bäume probehalber noch völlig unbeschnitten zusammen, gruppiert die kleinen Bäume um die großen und studiert ihre Gesamtwirkung. Erst jetzt sieht man, in welcher Weise die Bäume beschnitten werden müssen. Die Kronen sollten zwar eine optische Einheit darstellen, sich aber gegenseitig nicht durchdringen. Auch müssen die Wurzelballen

2. Die Bäume sind stark beschnitten worden und werden in der Schale plaziert.

der Bäume so beschnitten werden, dass sie möglichst nah nebeneinander stehen können.
Der Hauptbaum wird besonders sorgfältig bearbeitet, da er der optische Ankerpunkt sein soll. Er wird außerhalb der Mitte, in unserem Beispiel nach links versetzt, platziert.
Rechts und leicht nach hinten von ihm aus gesehen steht der zweitstärkste Baum.

4. Die Pflanzerde wird eingefüllt und mit einem Holzstäbchen sorgfältig zwischen die Wurzeln eingearbeitet.

3. Mit den durch die Wasserabzuglöcher geführten Fixierungsdrähten werden die Bäume befestigt.

Um diese beiden Bäume herum gruppieren sich die anderen Bäume. Entsprechend gliedert sich der Gesamtwald in zwei Baumgruppen, die aber immer noch miteinander in Beziehung stehen. Von vorn betrachtet sollten sich die einzelnen Stämme weder verdecken, noch sollten drei oder mehr Bäume eine Linie bilden. Auch von den Seiten her betrachtet dürfen keine Baumlinien zu sehen sein.

5. Zwischen die Bäume werden flache Moospolster gelegt. So erhält der Wald einen natürlicheren Ausdruck.

BUCHTIPPS

Aichele / Schwegler: Welcher Baum ist das?
Kosmos-Verlag, Stuttgart 1992.

Dreyer / Dreyer: Bäume.
Kosmos-Verlag, Stuttgart 2000.

Humphries / Press / Sutton: Der Kosmos-Baumführer.
Kosmos-Verlag, Stuttgart 1990.

Bruno P. Kremer: Die Bäume Mitteleuropas.
Kosmos-Verlag, Stuttgart, 2. Auflage, 1998.

Stahl / Rüger: Bonsai leichtgemacht.
Kosmos-Verlag, Stuttgart 1996.

Stahl / Rüger: Zimmer-Bonsai für die Fensterbank.
Kosmos-Verlag, Stuttgart 1998.

Horst Stahl: Zimmerbonsai.
Kosmos-Verlag, Stuttgart, 2. Auflage, 1992.

Horst Stahl: Grundkurs Bonsai. Kosmos-Verlag, Stuttgart 1992.

Horst Stahl: Bonsai, Der Weg zum Meister.
Kosmos-Verlag, Stuttgart 1994.

WICHTIGE ADRESSEN

Roh-Bonsai:
Bonsaischule Enger
Feldstraße 21
32130 Enger
Tel.: 05224 / 5879

Handgefertigte Schalen:
Peter Krebs
Oststraße 9
35745 Herborn
Tel.: 02772 / 42413

Bonsai-Club:
Bonsai-Club Deutschland e.V.
Geschäftsstelle: Manfred Meimberg
Postfach 10 16 48
44606 Herne
Tel.: 02323 / 941 – 121

REGISTER

Halbfett gedruckte Seitenzahlen weisen auf Abbildungen hin.

Acer campestre 22, **22**
Aesculus hippocastanum 23, **23**
Ahorn, Feld- 22, **22**
Akadama-Erde 44
  Alnus glutinosa 24, **24**
    Aluminiumdraht 46, **49**
      Apfel, Holz- 31
        Apfel, Wild- 31, **31**
          Aushärtung des Baumes 43

Baumaufbau 10f.
Baumschulpflanze 6f.
Betula pendula 25, **25**
Birke **21**
Birke, Hänge- 25, **25**
Birne, Holz- 36, **36**
Blätter 12
Blattschnitt 49
Bonsai in Europa, erste 6f.
Bonsai-Schere **43**, 48, **48**
Botanik 8ff.
Buche, Rot- 28, **28**

Carpinus betulus 26, **26**
Cellulose 10
China 4f.
Cornus mas 27, **27**

Drahten 15, 46f.
Drahtzange **48**
Düngekugeln,
  japanische 45
Düngen 45

Eibe 42
Eibe, Gemeine 39, **39**
Eiche, Stiel- 37, **37**
Eiche, Trauben- 37
Eindrahten 46f.
Entdrahten 47
Erle, Schwarz- 24, **24**
Fachausdrücke,
  japanische 63
Fagus silvatica 28, **28**
Fichte, Gemeine 32, **32**
Fixierung in der Schale 53
Flüssigdünger 45
Frei aufrechte Form 16, **16**,
  56f **56**, **57**
freien Natur, Bonsai
  aus der 6f.,54f.
Freiland-Bonsai 21
Frosttrocknis 43

Garten, Bonsai aus dem 7
Gelehnte Form 17, **17**
Geschichte 4ff.
Gestaltung 6
Gestaltungsbeispiele 54ff.
Gestaltungsvorbilder 7
Gießen 44
Grundstilarten 16ff.

Hainbuche 20, 26, **26**, 56f.,
  56, 57

Juniperus communis 29, **29**

Kaskade 17f., **18**
Kastanie, Ross- 23, **23**
Kiefer, Berg- 33, **33**
Kiefer, Wald- 34, **34**
Knetmasse, japanische 51,
  51
Knospen, Spitzen- 10
Konkavzange **43**, 48ff., **50**
Kornelkirsche 27, **27**

Landschaftsstil 18f.
Lärche, Europäische 5, 7, 30,
  30
Larix decidua 30, **30**
Laubabwurf 13
Linde, Winter- 40, **40**
Literatenform 19

Malus sylvestris 31, **31**
Mame-Bonsai 19
Mehrfachstamm 18f.
Moospolster 53

Pappel, Pyramiden- 35
Pappel, Schwarz- 35, **35**
Pflege 43ff.
Pflegekalender 63f.
Picea abies 32, **32**
Pinus mugo 33, **33**

Pinus sylvestris 34, **34**
Populus nigra 35, **35**
Pyrus pyraster 36, **36**

„Roh-Bonsai" 6f.

Quercus petraea 37
Quercus robur 37, **37**

Salix alba 38, **38**
Sammeln in der Natur 6
Schale 16ff., 55
Sonnenbrand 49
Stamm 12
Standort 14f., 43
Stärkespeicher 13
Staunässe 43
Strauchaufbau 10f.
Streng aufrechte Form 16f.,
  16

Tanne, Rot- 32
Taxus baccata 39, **39**
Tilia cordata 40, **40**

Überwintern 43f.
Ulme, Feld- 41, **41**
Ulmus carpinifolia 41, **41**
Umtopfen 52f., 55

Wacholder, Gemeiner 29, **29**
Waldpflanzung 18f., **19**,
  58f., **58**, **59**
Weide, Silber- 38, **38**
Werkzeuge 48
Windgepeitschte Form 19
Wundheilung 50f.
Wundverschlussmittel 50f.
Wurzelballen 52f.
Wurzeln 11f.
Wurzelschnitt 52

Yamadori 6

BILDNACHWEIS

Mit 99 Farbfotos von:
Reinhard Tierfoto, Heiligkreuzsteinach (S. 22 oben), alle übrigen von Helmut Rüger, Schöneck.

Mit 20 Farbillustrationen von:
Ruth Fritzsche, Grethen (S. 10 alle, 11 beide, 12, 13, 16 beide, 17, 18, 19, 54);
Miloš Váňa, Prag, koloriert von Ruth Fritzsche, Grethen (S. 47 links oben, 47 unten);
Miloš Váňa, Prag, koloriert von Marianne Golte-Bechtle, Stuttgart (S. 47 rechts)

sowie 1 Schwarzweiß-Illustration von Marianne Golte-Bechtle, Stuttgart (S.46).

Besitzer der Bonsai:
Bonsai-Galerie Rüger, Schöneck (Umschlagvorderseite, S. 5, 7, 20, 26, 30, 31, 32, 41, 45);
Bonsai Schule Enger, Enger (S. 4, 22, 23, 24, 25, 27, 35, 37, 38);
W. Busch, Düsseldorf (S. 42);
U. Fischer, Bammental (S. 28);
H. Kastner, Adelsried (S. 36);
G. Meboer, NL-Re Drunen (S. 39);
W. Pall, Egling (S. 8, 15, 29, 33, 34, 40).

Informationen senden wir Ihnen gerne zu

Bücher · Kalender · Spiele
Experimentierkästen · CDs · Videos
Seminare
Natur · Garten & Zimmerpflanzen ·
Heimtiere · Pferde & Reiten ·
Astronomie · Angeln & Jagd ·
Eisenbahn & Nutzfahrzeuge ·
Kinder & Jugend

KOSMOS

Postfach 10 60 11
D-70049 Stuttgart
TELEFON +49 (0)711-2191-0
FAX +49 (0)711-2191-422
WEB www.kosmos.de
www.diesiedlervoncatan.de
E-MAIL info@kosmos.de

IMPRESSUM

Umschlaggestaltung von Atelier Reichert, Stuttgart.
Umschlagvorderseite: Foto von Helmut Rüger; Zeichnung von Miloš Váňa, Prag, koloriert von Atelier Reichert.
Umschlagrückseite: Beide Fotos von Helmut Rüger.
Klappe außen: Foto von Helmut Rüger.
Klappe innen: Alle Fotos von Helmut Rüger.

Mit 99 Farbfotos und 21 Illustrationen.

Die Deutsche Bibliothek – CIP-Einheitsaufnahme
Ein Titelsatz für diese Publikation ist bei
Der Deutschen Bibliothek erhältlich

© 2000, Franckh-Kosmos Verlags-GmbH & Co., Stuttgart
Alle Rechte vorbehalten
ISBN 3-440-07956-2
Lektorat: Bärbel Oftring, Christiane Theis
Grundlayout: Atelier Reichert, Stuttgart
Gestaltung: Guido Schlaich, München
Satz: Atelier Krohmer, Dettingen/Erms
Printed in Germany / Imprimé en Allemagne
Druck und Buchbinder: Westermann Druck Zwickau GmbH, Zwickau

Alle Angaben in diesem Buch sind sorgfältig geprüft und geben den neuesten Wissensstand bei der Veröffentlichung wieder. Da sich das Wissen aber laufend in rascher Folge weiterentwickelt und vergrößert, muss jeder Anwender prüfen, ob die Angaben nicht durch neuere Erkenntnisse überholt sind. Dazu muss er zum Beispiel Beipackzettel lesen und genau befolgen sowie Gebrauchsanweisungen und Gesetze des jeweiligen Landes beachten.

JAPANISCHE FACHAUSDRÜCKE

Grundstilarten
streng aufrechte Form: Chokkan
frei aufrechte Form: Moyohgi
Besenform: Hokidachi
Kaskade: Kengai
gelehnte Form: Shakan
Halbkaskade: Han-Kengai
windgepeitschte Form: Fuki-nagashi
Literatenform: Bunjingi
Wurzelstamm: Neagari
Felspflanzung: Seki-Joju
Doppelstamm: Sokan

Waldform: Yose-Ue
Mehrfachstamm: Kabudachi
Schildkrötenpanzer: Korabuki
Floßform: Ikadabuki
kriechende Form: Netsuranari

Bonsai-Größen (gemessen Wurzelhals bis Baumspitze)
Fingerspitzen-Bonsai: Keshitsubu-Bonsai (bis 7,5 cm hoch)
Miniatur-Bonsai: Mame-Bonsai (7,5 bis 15 cm hoch)
Klein-Bonsai: Ko-mono-Bonsai (15 bis 30 cm hoch)
Mittel-Bonsai: Chu-mono-Bonsai (30 bis 60 cm hoch)
Groß-Bonsai: Dai-mono-Bonsai (60 bis 120 cm hoch)

Baumteile
Wurzelhals: Nebari
Stamm: Miki
Baumspitze: Shin
erster Hauptast: Ichi-no-Eda
Rückseitenast: Ushiro-Eda
Vorderseitenast: Mae-no-Eda

PFLEGEKALENDER FÜR FREILAND-BONSAI

Januar
Alle Bäume ohne Überwinterungsschutz werden nur an frostfreien Tagen bei Bedarf gegossen. An klaren, sonnigen Frosttagen dürfen die Bäume nicht in der prallen Sonne stehen, da es sonst zu Rissen in der Rinde kommt. Bäume mit Überwinterungsschutz werden gleichmäßig feucht gehalten. Hier darauf achten, dass die Temperaturen nicht über +10 °C ansteigen.

Februar
Umtopfen: Gesunde, winterharte Bäume mit weißen Wurzelspitzen können umgetopft werden. Danach vor Frost schützen.
Gießen: Umgetopfte Bäume ständig feucht, aber nicht zu nass halten. Alle anderen Bäume erwachen aus dem Winterschlaf und brauchen einen ständig feuchten Boden.
Schneiden: Dickere Äste und abgestorbene Triebe können entfernt werden. Wundversorgung beachten!
Drahten: Sobald die Äste biegsamer werden, können sie eingedrahtet werden. Auf keinen Fall bei Frost drahten!

März
Schädlingsbefall kontrollieren, bei Bedarf Fachmann aufsuchen.
Umtopfen: Bäume, deren Knospen gerade anzuschwellen beginnen, können umgetopft werden.
Schneiden: Mit dem Anschwellen der Knospen können wir erkennen, welche Triebe noch leben. Tote Triebe werden herausgeschnitten. Lebende Triebe auf Knospen mit der erwünschten Wuchsrichtung zurückschneiden.
Drahten: Bei schwellenden Knospen muss sehr vorsichtig gedrahtet werden, da diese schnell abbrechen.

April
Bereits ausgetriebene Bäume vor Nachtfrösten schützen!
Umtopfen: Fichten und Wacholder können noch umgetopft werden.
Schneiden: Laubbäume in Form schneiden, Nadelbäume nicht mehr; warten, bis die Kerzen sich strecken, dann Formerhaltungsarbeiten.
Drahten: Nadelbäume werden gedrahtet, Laubbäume nicht mehr.

Mai
Täglich auf Schädlingsbefall achten. Bei Bedarf Fachmann aufsuchen.
Gießen: Täglich die Bodenfeuchte überprüfen.
Düngen: Alle ausgetriebenen Bäume können gedüngt werden, frisch umgetopfte noch nicht.
Schneiden: Bei vielen Laubbäumen kann bereits der erste Rückschnitt erforderlich sein. Bei Kiefern jetzt schon die ersten Kerzen einkürzen.

Juni
Gießen: Meist muss täglich gegossen werden.
Düngen: Ist jetzt besonders wichtig.
Schneiden: Spätestens jetzt müssen Kiefernkerzen der Art entsprechend beschnitten werden.
Blattschnitt: Bei sehr gesunden Laubbäumen mit ausgehärtetem Laub kann ein Blattschnitt durchgeführt werden.
Drahten: Die Triebe können nun gedrahtet werden. Dabei Blätter und Nadeln nicht mit eindrahten!

Juli
Gießen: Bei hohen Temperaturen eventuell mehrfach am Tag gießen. In der Mittagshitze die Blätter nicht mit Wasser benetzen.
Düngen: Weiterhin gut düngen. Nach längerem Regen eine Extraportion Dünger geben.
Schneiden: Schnittwunden heilen besonders schnell ab. Stark wachsende Laubbäume werden regelmäßig zurückgeschnitten.
Drahten: Kontrolle! Teils jetzt entdrahten!

August
Gießen: Der Wasserbedarf ist weiterhin hoch und es muss teilweise mehrmals täglich gegossen werden.
Düngen: Bei den meisten Bäumen mit dem Düngen aufhören. Eventuell mit einem Kali-Phosphor-Dünger düngen. Das ist besonders für blühende und fruchtende Arten wichtig.
Schneiden: Keine größeren Schnittmaßnahmen mehr durchführen, da sonst die Bäume noch einmal stark austreiben können. Solche Bäume können sich nicht ausreichend auf den Winterfrost vorbereiten.
Drahten: Jeden Tag müssen nun eingedrahtete Bäume kontrolliert werden. Sobald der Draht in die Rinde einzuschneiden beginnt, muss entdrahtet werden. Bis zum Frühjahr werden keine Bäume neu eingedrahtet.

September
Die Bäume bereiten sich langsam auf den Winter vor. Es sollten keine starken Schnittmaßnahmen mehr durchgeführt werden. Die fruchtenden Baumarten wie Wildapfel und Wildbirne haben nun reifende Früchte.
Gießen: Der Jahreszeit entsprechend ist der Wasserbedarf der Bäume geringer geworden.
Düngen: Bis zum nächsten Frühjahr nicht mehr düngen!

Oktober
Nur an Buchen, Hainbuchen und Eichen verbleiben die braunen Blätter am Baum. An anderen Arten werden alle braunen Blätter entfernt, da sie Brutstätten für Schädlinge sein können. Gleiches gilt für Kiefernnadeln, die braun geworden und herabgefallen sind. Diese Nadeln sollten sorgfältig vom Boden abgesammelt werden. Das eventuell vorgesehene Überwinterungsquartier wird vorbereitet.

November und Dezember
Falls erforderlich befinden sich die Bäume im Winterquartier. Temperaturen bis –5 °C schaden den Freiland-Bonsai nicht. Erst wenn an mehreren Tagen nacheinander die Bäume eingefroren bleiben, droht die sogenannte Frosttrocknis. Dabei verdampfen die oberirdischen Pflanzenteile weiterhin Wasser, welches von den eingefrorenen Wurzeln nicht nachgeliefert werden kann.
Auf keinen Fall dürfen die Bäume aus der Winterruhe in einen geheizten Wohnraum gebracht werden. Die Winterruhe wird aufgehoben und es drohen nachhaltige Schäden.